财税政策
与经济发展的融合研究

曾 虹 ◎ 著

吉林大学出版社
·长春·

图书在版编目(CIP)数据

财税政策与经济发展的融合研究 / 曾虹著. —— 长春：吉林大学出版社，2022.8
ISBN 978-7-5768-0267-2

Ⅰ.①财… Ⅱ.①曾… Ⅲ.①财政政策－关系－中国 经济－经济发展－研究 Ⅳ.①F812.0②F124

中国版本图书馆CIP数据核字(2022)第152029号

书　　名	财税政策与经济发展的融合研究
	CAISHUI ZHENGCE YU JINGJI FAZHAN DE RONGHE YANJIU
作　　者	曾虹 著
策划编辑	李伟华
责任编辑	蔡玉奎
责任校对	闫竞文
装帧设计	左图右书
出版发行	吉林大学出版社
社　　址	长春市人民大街4059号
邮政编码	130021
发行电话	0431-89580028/29/21
网　　址	http://www.jlup.com.cn
电子邮箱	jdcbs@jlu.edu.cn
印　　刷	湖北诚齐印刷股份有限公司
开　　本	787mm×1092mm　1/16
印　　张	11.25
字　　数	180千字
版　　次	2022年8月　第1版
印　　次	2022年8月　第1次
书　　号	ISBN 978-7-5768-0267-2
定　　价	68.00元

版权所有　翻印必究

作者简介

曾虹(1967.09-),女,汉族,湖南益阳人,研究生学历,硕士学位,副教授,高级经济师。毕业于湖南大学,现就职于益阳职业技术学院。主要研究方向为经济法和财税政策。主持省级课题4项,参与省厅级课题8项,在《生产力研究》《中国市场》《社科纵横》《法制与社会》等公开刊物上发表学术论文近30篇。

前言

在过去的一段时间里,在全球经济迅速发展的同时,地球的生态环境也遭到了严重的破坏,造成这种局面的根本原因在于工业革命后逐步形成的传统经济发展模式。而传统线性经济方式将进一步导致环境退化和灾难加剧。除非大大减缓资源使用、推行循环经济模式,否则必然导致气候变暖、生物多样性减少、土壤贫瘠、空气污染、水极度缺乏、食品生产减少和致命疾病扩散等全球性重大环境问题。传统的发展模式已经到了难以为继的地步,迫使人类对自己与自然的关系进行深刻的反思,循环经济作为实现可持续发展的新经济模式已经成为一股潮流,这是社会发展的必然结果。人与自然和谐发展是循环经济发展的最终目标,经济健康增长是发展循环经济的内在动力,而政府的推动和积极倡导是发展循环经济的重要保证,政府财政税收政策则是循环经济发展的促进剂。正因如此,世界各国在目前的循环经济实践中,都制定了相应的财税政策对其进行扶持。

可持续发展是当今世界发展的主题。随着我国可持续发展战略的实施,国内学界、业界对如何运用财税政策等经济手段促进我国经济社会的可持续发展已有不少研究。有的偏重于理论探讨,有的则侧重于对策研究,但目前尚未建立一套较为完整的促进可持续发展的财税政策体系。

本专著有意在此方面做出努力,笔者从促进可持续发展的战略高度,审视我国现行财税政策。在充分认识我国严重的环境问题及其给经济社会带来的严重影响的基础上,研究探讨中国运用以财税政策为主的经济手段来保护生态环境、促进可持续发展的现实选择。本专著主要围绕财税政策与经济发展的相互融合展开研究,笔者先介绍了经济增长与经济发展的概述,主要包括国内生产总值、经济增长的水平、影响经济增长的因素、经济发展水平的衡量,然后介绍了我国经济发展现状、问题及原因分析,在此基础上,介绍了财税政策对经济发展的功能及作用、财税政策促进我国经济发展的作用机理、促进经济发展方式转变的财税政策研究,最后介绍了促进经济循环发展的财税政策研究和促进我国财税政策与经济融合发展的建议。本专著内容丰富,全面、系统的介绍了财税政策与经济发展的紧密联系,旨在启发读者独立思考,对相关从业者有一定的参考价值。

目 录

第一章 经济增长与经济发展概述 ·· 001
第一节 国内生产总值 ·· 001
第二节 经济增长的水平 ·· 007
第三节 影响经济增长的因素 ·· 009
第四节 经济发展的因素 ·· 014
第五节 经济发展水平的衡量 ·· 018

第二章 我国经济发展现状、问题及原因分析 ··························· 025
第一节 我国经济发展现状和问题 ···································· 025
第二节 我国经济发展存在问题的原因分析 ···························· 040

第三章 财税政策对经济发展的功能及作用 ····························· 044
第一节 财税政策的功能 ·· 044
第二节 我国财税政策对促进经济发展的作用 ·························· 049
第三节 我国财税政策促进经济发展的评价 ···························· 051

第四章 财税政策促进我国经济发展的作用机理 ························· 074
第一节 生产端财税政策作用机理 ···································· 074
第二节 消费端财税政策作用机理 ···································· 076
第三节 政府端财税政策作用机理 ···································· 078

第五章 促进经济发展方式转变的财税政策研究 ························· 082
第一节 转变经济发展方式的理论分析 ································ 082
第二节 财税政策在经济发展方式转变中的作用 ························ 098
第三节 需求结构调整的财税政策 ···································· 107
第四节 要素结构调整的财税政策 ···································· 127

第六章 促进经济循环发展的财税政策研究 ····························· 135
第一节 循环经济与财税政策 ·· 135

  第二节 国外发展循环经济财税政策的经验借鉴 …………… 142
  第三节 促进我国循环经济发展的财税政策建议 ………………… 148
第七章 促进我国财税政策与经济发展融合的建议 …………… **161**
  第一节 完善正向激励政策 ………………………………………… 161
  第二节 完善逆向限制政策 ………………………………………… 163
  第三节 完善相关配套政策 ………………………………………… 164
参考文献 ……………………………………………………………… **169**

第一章 经济增长与经济发展概述

经济增长是指一个国家的人均收入和产出的增长。如果一个国家生产的商品和服务增加了,不管在什么意义上,都可以把这一提高看成经济增长。

经济发展的含义则更为广泛。除了人均收入的提高以外,还应含有经济结构的根本变化。其中,最重要的两个结构性变化是,在国内生产总值中随着农业比重的下降,工业比重以及城镇居民在总人口中的比重上升。同时,进入发展阶段的国家,通常要经历人口加速增长而后减速的过程。在此期间,该国人口的年龄结构及消费结构都会发生极明显的变化。生活必需品占家庭支出的比例下降,耐用消费品支出比例上升,最终使休闲产品和服务的消费支出增加。

经济发展的关键在于民众,民众必须是这一过程的主要参与者,这样才能带来结构的诸多变化。民众参与发展的过程就意味着在享受发展带来的利益的同时也会参与这些利益的生产过程。如果增长只使极少数富人受益,那就不是经济发展。可以说经济发展关注的是商品与服务的生产和交换,以及国家如何向其公民提供接受更好的教育和获得一份好工作的机会,甚至还包括对一个国家的文化和政治的影响。

第一节 国内生产总值

经济增长即国内生产总值(GDP)的增长或人均国内生产总值的增长。[①]因为人们对高收入的偏好大于低收入,国内生产总值是经济福利的一个良好衡量指标,但并不是衡量福利的一个完美指标。例如国内

---
① 余德彪,秦海林. 激活消费新动能 助力经济新增长[J]. 经济,2022(08):34-37.

生产总值中不包括闲暇的价值和清洁的环境的价值。

一、国内生产总值(Gross Domestic Product,GDP)

是指一个国家或地区在某一特定时期内所生产的全部最终物品与劳务的市场价值的总和。它反映一个国家(或地区)的经济总体规模和经济结构。例如2021年我国国内生产总值为1143670亿元人民币。现代经济是一个复杂的系统,每时每刻都有成千上万的经济主体做出生产或消费决策,GDP这个指标能较好地描述经济运行的总体绩效。

二、国内生产总值的内涵

第一,GDP在衡量经济活动规模时按市场价值计算。GDP包括成千上万种物品与劳务,涉及人们的衣食住行、娱乐、安全等诸多方面,不仅有面包、球鞋,还有计算机、坦克,以及芭蕾舞表演和摇滚音乐会。经济学家将每种物品与劳务按市场价格和其数量的乘积计算其价值,然后再把全部最终物品与劳务的市场价值加总,计算出GDP的总额。每一种物品或劳务的市场价值的高低也显示出了该物品或劳务的社会价值的大小,因为市场价值的高低意味着人们愿意为它支付的价值是多少。

以某种物品或劳务出售的实际价格计算出来的GDP,我们称之为名义GDP(Nominal GDP),或者是货币GDP(Money GDP)。假设某个国家生产N种最终物品与劳务,那么名义GDP = $P_1Q_1 + P_2Q_2 + \cdots P_NQ_N$。这是一种比较合理的计算GDP的方法。但是这种方法有一个明显的不足之处,那就是当最终物品与劳务的实际产出没有发生变化的情况下,GDP也会随着价格的波动而波动,价格上涨时GDP增加、价格下跌时GDP减少。

例如,如果去年的汉堡包是3元/个,今年涨价为3.5元/个。那么同样100个汉堡包在去年的名义GDP中做出的贡献是300元,而在今年的名义GDP中做出的贡献却是350元。但是100个汉堡包的数量没有变,也就是说实际产出并没有增加。因为这个原因,用相同的一组价格来衡量不同时期生产的最终物品与劳务的价值,就是实际GDP(Real GDP)。实际GDP用来纠正名义GDP在计算时因为忽略通货膨胀的因素而对实际产出描述的偏差。例如在GDP核算中汉堡包的价格都按每个3元计算,那么每一年的GDP中就只有价值300元的汉堡包。

名义GDP可以反映一个国家或地区的经济发展规模,而实际GDP可以用来计算经济增长的速度。由此,经济繁荣可定义为一个时期的实际GDP的持续上升。相反,经济衰退则可定义为一个时期的实际GDP的持续下降。

第二,GDP关注的是最终物品(final goods and services)与劳务,而不是中间物品(intermediate goods)。最终物品,是指使用者最终购买的物品,而不论该物品的使用者是家庭、企业还是政府。购买这个物品的目的是使用,而不是再出售,或者继续将其加工或制造成另一种可供销售的产品。相应地,中间产品就是指用于再出售或进一步加工制造的产品。例如戴尔公司从英特尔购买电脑零件时,交易不会被计入GDP中,因为戴尔公司并不需要这些零件,它购买零件仅仅是为了把这些零件转售给消费者。只有当零件作为电脑的组成部分卖给消费者时,才被认为是最终物品。戴尔公司从英特尔购买电脑的零件,经济学家把它们看作是中间产品。又如农民收获了价值50元的小麦,送到加工厂加工成了价值100元的面粉,面粉随后又被做成价值200元的包子。在计算GDP时,只计算最终产品即价值200元的包子,而中间产品小麦、面粉的价值均不计入。

第三,GDP衡量的是合法生产的并通过有组织的市场销售的最终物品与劳务。地下非法生产的最终物品与劳务,如毒品生产、色情交易等不被计入GDP之中。通常,家庭生产的用于自给自足的物品与劳务也没有被计入GDP之中。例如,家务劳动、自我维修工作和闲暇等。这些活动当然是当期生产的物品与劳务,但没有经过有组织的市场交易过程,因而缺乏重要的度量工具——市场价格,而不被计入GDP之中。

第四,GDP是对一个国家在一定时期内经济绩效的度量。即某年的GDP只包括当年内所生产的全部最终物品与劳务的价值,而不是销售的最终产品与劳务的价值。例如,一个企业生产了价值100万元的产品,但只出售了价值80万元的产品,那么剩余的价值20万元的产品被作为存货投资计入GDP。显然,当年销售的最终物品与劳务有的是当年生产的,有的却不是当年生产,不是当年生产的不计入当年GDP。例如,拍卖行拍卖竞标的物品,如果交易的是二手物品,即过去生产的物品,其交易额不计入当年的GDP。但为了举行此次拍卖会而提供的服务费用,则计入当年的GDP。同样地,通过中介交易一套价值500万的二手房,那么这500万元不能计入GDP,因为它是过去就建好的房子,而不是现在新建的。但是在交易过程中,中介机构因提供中介服务而取得的佣金或劳务价值,则会被计入GDP。

第五,GDP度量的是一个国家地理范围之内的最终物品与劳务。换言之,GDP所计入的是在本国地理范围之内所生产的最终物品与劳务,而不论这些物品与劳务是由哪国公民或哪国公司生产或提供的。

与此相伴随的是另一个概念——国民生产总值(Gross National Product,GNP)。GNP是指一个国家的永久性居民在某一特定时期内所生产的最终物品与劳务的市场价值总和,或者说GNP是指一个国家的永久性居民所赚到的总收入。它与GDP的不同之处在于:它包括本国公民在国外赚到的收入,而不包括外国人在本国赚到的收入。例如,一个加拿大公民暂时在美国工作,他的产出是美国GDP的一部分,而不是美国GNP的一部分。

综上所述,GDP是衡量一国经济产出的最佳方法,是在给定的一年里所生产的最终产品与劳务的货币价值的总和。这些产出如果用当期市场价格来计算,称为名义GDP;如果用某一组不变价格来计算,称为实际GDP。GDP衡量的是一国经济的产量,而不是福利的增进。例如,GDP不包括家庭劳务、其他自给活动或闲暇时光的价值。另外,即使一些商品被认为是"坏的"而不是"好的",它也被计入了GDP,例如,不可降解的塑料制品会破坏环境,但也作为商品被计入GDP。

三、GDP并不是度量一国经济福利的完美指标

如前所述,GDP既衡量经济的总收入,也衡量经济用于物品与劳务的总支出。因此,人均GDP能够告诉我们经济中每个人的平均收入与支出。由于大多数人追求更高的收入并有更高的支出,所以人均GDP自然成为经济福利的衡量指标。实际上,GDP越高说明人们的物质生活质量越高。虽然GDP不能衡量孩子的健康,但GDP高的国家能够为孩子提供更好的医疗;GDP没有衡量孩子们的教育质量,但GDP高的国家能够提供更好的教育体系;GDP没有衡量我们的诗歌之美,但GDP人们的知识、廉正、勇气、智慧和对国家的热爱,但当人们不用过多关心是否能够提供生活的物质必需品时,这一切美好的品性也容易养成。总之,GDP没有直接衡量这些使生活有意义的东西,但它确实衡量了我们过上这份有意义生活的许多投入的能力。

然而,GDP并不是衡量福利的完善指标,其表现在以下四个方面。

第一,只有市场活动才计入GDP,在市场外存在未记录的交易。由于GDP用市场价格来评价物品与劳务,所以它几乎未包括所有在市场之外进行的活动的价值。一些经济交易在GDP核算时未能被如数记录,这是一个世界性的问题。而这一问题在发展中国家更为严重。特别是漏掉了在家庭中生产的物品与劳务的价值。照料家庭和照顾孩子这类服务通常是由母亲无偿提供,却未能计入GDP。相反,如果雇佣保姆做家务、照看孩子,那么支付给保姆的劳务费则被计入GDP中。托儿所提供的对孩子的照顾是GDP的一部分,而父母在家照料孩子就不是。义工也为社会福利做出了贡献,但GDP并不反映这些贡献。同样地,如果一名修理工为你更换了汽车启动器,那么GDP的增长既包括启动器的价格,也包括修理工的劳务费。但是,如果是家里人为你更换了汽车启动器,那么GDP的增长只包括启动器的价格。家里人的劳动不会被记录,因为他提供的劳动是非市场的。在发展中国家,由家庭成员提供这类服务的比例要高于发达国家,由此低估了发展中国家的福利水平。当人们试图回避政府的规定时,如家庭内部的交易,也未能计入GDP。例如企业或个人不遵守政府规定的逃税行为这类行为在发展中国家发生的可能性更大。因为发展中国家非正规部门由众多微小企业组成,它们根本就没在政府部门登记注册,因而更有可能避开政府的有关规定和税收。在农村和城市的非正规部门存在着大量这样的活动。因此,发展中国家未能计算这些相关经济活动的比例要高于发达国家。在比较任意国家间的GDP水平时,发展中国家与发达国家之间的差距就会被夸大。总之,当两个国家在有组织的市场上进行的经济活动的比例差别较大时,国际上的GDP比较,其误导性也会很大。

第二,资本密集型产品问题。相对发展中国家而言,在发达国家生产过程中会更密集地使用资本。例如生产同样一双鞋,发达国家更多地使用机器设备,因此必然要求更多的价值附加。这使得经济发达国家的GDP相对经济欠发达国家GDP而言增加更大。而最终资本商品在GDP中会被计算两次,本年度中它们作为最终产品被企业或组织机构购买而计入GDP,而在未来的几年中,它们又以折旧的方式在一定程度上作为其生产的产品价值的一部分被计入。这又进一步扩大了经济发达国家与经济欠发达国家之间的GDP差距。

第三,没有反映经济增长方式所付出的代价。经济发展给人们带来了好处,但也需要为此付出代价。例如,被污染的环境、被破坏的生态、被过度消耗的资源等都是经济发展所付出的代价。GDP衡量的是经济发展的正面价值,却没有反映经济发展带来的负面影响。例如,计算GDP时并没有扣除原材料的永久消失或由于物种消失而对环境造成破坏的那一部分成本。对于一国而言,若采矿部门创造的GDP占据较大比例,或GDP提高是因为实施了对环境不利的农业措施都表明环境为产出做出了巨大牺牲,但这种牺牲却没有计入GDP。

GDP被认为是个好东西,但计入GDP的活动并非都是有益的。有些活动会带来无法衡量的成本。例如由生产创造的价值被计入GDP,而在清理由生产引发的污染时又创造了GDP。可见,环境破坏的影响作为"好东西"被两次计入GDP。

同样,使人生病的危险物质在生产出来时被计入GDP,而之后由于人们生病而引致的医疗服务的价值又被计入GDP。例如,香烟的生产与消费。存在环境污染的情况下,若生产的物品与劳务增加,GDP会增加,但社会福利很可能会下降。因为空气和水质量的恶化要大于更多生产所带来的福利利益。

第四,没有估算闲暇的价值。当某一国变得越来越富有,它的居民一般会享受越来越多的闲暇时光。显然,加上闲暇的价值,才能较好地衡量国民的福利。

第二节 经济增长的水平

经济增长可用实际GDP的增长率或者人均GDP的增长两个指标来衡量。通常,经济增长可以增加一个国家的财富并且增加就业机会。如果当年国内生产总值比往年增加就叫作经济增长;比往年减少就叫作经济衰退;与往年持平,则称零增长。

一个国家(或地区)经济增长的实现模式,称为经济增长模式,可分为粗放型经济增长和集约型经济增长两种类型。[1]

一、经济增长的含义

经济增长通常是指在一个较长的时间跨度上,一个国家或地区人均产出(或人均收入)水平的持续增加,或者说是一个国家或地区在一定时期内的总产出与前期相比实现的增长。总产出通常用国内生产总值(GDP)来衡量,经济增长一般指实际GDP的增长或者人均GDP的增长。

经济增长的核算通常依靠GDP、GNP等统计数据。基本方法一般以本年度的GDP总量对比往年的GDP总量,而得出经济增长的百分比。

二、经济增长、零增长与负增长释义

经济增长是经济学家和记者常用的表达方式,意思是一个国家当年国内生产总值对比往年的增长率。准确地说,经济增长的含义是指,在一定时间内,一个经济体系生产的商品与劳务的潜在生产力扩大,也就是生产可能性曲线向外扩张。生产力的扩大主要取决于一个国家的自然资源禀赋、资本积累与质量提升人力资本累积、技术水准提升以及制度环境的改善。因此,经济增长也意味着决定生产力等诸多因素的扩展与改善。

---

[1] 熊升银.中国经济发展方式转变的时空演化格局及其形成机制研究[D].成都:西南财经大学,2020:57-59.

通常,经济增长可以增加一个国家的财富并且增加就业机会。经济增长一般被认为是整体经济景气的表现。

如果一个国家的国内生产总值增长为负数,即当年国内生产总值比往年减少就叫作经济衰退。通常情况下,只有当国内生产总值连续两个季度持续减少,才被称为经济衰退。

零增长,有时候会表示为GDP与往年持平。

经济负增长则表示本年度的GDP低于往年,通常会被形容为经济"不景气"或经济衰退。零增长有时会被认为也是负增长,因为考虑到通货膨胀以及物价上涨的原因,同样数量的货币其购买力会低于往年。

三、经济增长的方式

经济增长方式是指一个国家(或地区)经济增长的实现模式,可分为两种:粗放型经济增长和集约型经济增长。

粗放型经济增长:指主要依靠增加资金、资源的投入来增加产品的数量,推动经济增长的方式。

在现代,主要的粗放型经济形式有两种:一是迁移农业,二是游牧业。迁移农业主要分布在森林一类的地方。比如在亚马孙热带雨林,土著人就有这种经济形式;游牧业则主要分布在草场草地一类的地方,比如我国西藏部分地区。其基本特征是依靠增加生产要素量的投入来扩大生产规模,实现经济增长。以这种方式实现经济增长,消耗较高,成本较高,产品质量难以提高,经济效益较低。

集约型经济增长:主要依靠科技进步和提高劳动者的素质来增加产品的数量和提高产品的质量,从而推动经济增长的方式。其基本特征是依靠提高生产要素的质量和利用效率,来实现经济增长。以这种方式实现经济增长,消耗较低,成本较低,产品质量不断提高,经济效益较高。

经济增长方式转变,是指经济增长方式从粗放型增长方式为主转向集约型增长方式为主。这种转变是渐进的,需要有一个过程,是全局性的,不排斥某些地区、城市、企业在某些条件下实行粗放型增长。各地区和城市受其所处环境、市场条件、技术发展水平以及就业状况等因素的制约,经济增长方式可能存在很大差异,增长方式的转变也不会一致。

第三节 影响经济增长的因素

人类历史上出现了经济的持续增长。其中,稳定的社会秩序是经济增长的基本前提。在稳定的社会秩序下,法制、低成本的交通和交流体系是经济增长的先决条件。法制健全,大多数人可以从事专业化工作,并进行交易。人们有理由相信,只要付出努力就能享受到成果。

经济增长依靠资本积累。一是资本提高了劳动力的生产能力;二是资本包含技术进步。技术进步对经济增长进程起着重要作用。

向全球经济开放,能够促进经济增长。

人力资本是社会资本存量的重要部分。越来越多的证据显示知识是促进经济增长的一个重要因素。[1]

一、不可控因素——人口、资源

人口:一个国家一定时期的人口数量和质量基本上是既定因素,无法控制。

资源:大自然赋予一个国家的资源也是无法直接控制的。

二、可控因素——制度

对于支配人们的互动方式和资源利用方式的制度,是有些许控制权的。这就是为什么经济发展至关重要的因素是基本制度(例如法制),而不是自然资源的供给或人力资本投入的水平。

法制:法制确定了游戏规则。在这些规则下,人们们相互作用,通过交易实现获利。

低成本的交通和交流体系:如果人们无法进行交易,就不可能有专业化;如果转移商品的成本高于交易的预期收益,人们就无法进行交易。想法的交换也很重要。

例如,欧洲的地理条件是经济增长特性中的一个主要因素。欧洲绵延的海岸线上有众多优良海港还有无数宽阔的河流。这些河流流过

---

[1]王俏茹.中国经济增长收敛性的理论分析与计量研究[D].长春:吉林大学,2021:43-45.

平坦的平原,河道终年通航,这些条件使得欧洲的人们得以以低成本在广阔的区域中交流商品和交换想法。

可见,法制、低成本的交通和交流体系是经济增长的先决条件。

三、影响经济增长的主要因素

(一)资本存量

没有剩余资本的积累,广泛的专业化就不可能有长远的发展。在生产过程开始之初到出售产品获得收益之间的相当长一段时间内,生产者必须能够生存。因此,经济增长要求积累消费品存量,让生产者能够度过生产期。这些消费品的作用相当于资本,因为它们是产成品,其使用提高了未来的生产率。

资本积累还通过提高劳动能力为经济增长做出显著贡献。例如,推土机运的土就远远多于人用铁锹运的土。资本积累,既是量的过程,也是质的过程。专业化最重要的成果之一便是技术创新。技术创新意味着一个国家增加其资本货物的存量,不仅仅是获得更多的生产资料,而是获得更强有力的生产资料。毕竟随着时间的推进,新的运土设备将会是更有效的运土设备。

(二)技术进步

技术创新实际上是推动经济增长最强大的力量。例如,早期的交通运输系统,主要为水运方式,货运和客运大部分要依靠马力,即马匹运输。随后交通资本的积累,主要运输方式就不再是帆船和运河的积累,而是铁轨、火车和各类车辆的积累,这使得每单位资本能够更快速地运输商品。可见,技术创新体现在人们获得的额外资本当中。内燃机的出现进一步地提升了单位资本运输商品的效率。今天,喷气式飞机和互联网,与以往任何时代的资本设备相比,在任何方面都拥有巨大的优势。

技术创新是人们在试图推动他们感兴趣的项目过程中互动产生的。世界上技术进步方面领先的国家必须依靠自己发现更好的行事方式,而在发现过程中,成本是不可避免的,其中也包括失败带来的所有成本。而落后国家,特别是在他们落后得比较多的时候,就可以根据前人的经验避免这些成本。例如落后国可以直接从牛车和土路跳到柴油卡车和水泥公路。这是技术落后国家的一个重大优势。仅仅依靠应用领先国家的先进技术,落后国家的经济增长速度就要比技术领先国家快很多。

另外,向全球经济开放更能够促进经济增长的原因有两点:一是能更加充分地发挥比较优势,二是能从发达经济的技术成果中获益。如果一个国家创造了有利的环境,外国投资就会对发展中经济的初始资本做出巨大贡献。

(三) 外国投资

落后国家能否做到其经济增长速度快于技术领先国家,取决于许多因素。例如,要具备进口技术领先国家的资本设备所需的资金等。落后国家可以利用外资促进其经济增长,外资包括外国私人投资和外国援助。

外国私人投资:一个经济正处于追赶其他国家的国家有快速增长的机会,其投资回报率相应较高,这时外国私人投资者愿意对落后国家进行投资。但是,在很多情况下这类投资的风险也较高。除了来自投资经济落后国家的普遍的高风险和由于补充资源可提供性的不确定性而导致的风险外,还必须考虑政治不确定性带来的风险。有些政治风险来自人们习惯性地对待外国投资者的敌意,他们认为投资回报是落后国家的资源"流失"。这种态度容易导致游戏规则的改变,催生部分或全部没收外国资本的政府政策。除非外国投资者能够与东道国政府一方就降低政治风险达成协议,否则难有投资者愿意投资。如果外国投资者愿意将部分回报与某些特定官员分享,独裁者或者寡头统治的国家常常愿意压制大众的不满,甚至向外国投资者授予特权。这种情况下,当落后国确实实现经济增长的时候,其收益通常只流向拥有特权的少数人,而不是切实地惠及广大民众。

外国援助:外国援助的难题在于,一方面经济发达国家政府援助落后国的动机?真正的交换条件是什么?政府间援助最后会不会沦为政府干预他国事务的手段?如果通过国际组织机构引导外国援助,能否解决上述问题?然而,国际组织机构的实际记录表明,他们没能从与政府间援助相关的难题与困境中全身而退;另一方面,接受援助的落后国家政府如何分配其所获得的无偿援助或低息贷款呢？会把这些援助资金分配给能够最有效使用这些资本的团体吗？怎么知道哪些团体能够最有效地使用这些资本？腐败会不会在这里出现？然而，事实上，腐败和浪费常常发生，使得经济发达国家的国民高度怀疑"国际援助"计划。

有时候"国际援助"反而会对受援国造成伤害。事实上，很多受援国未能有效利用外国援助促进其经济增长。一是挤占国内资源。外国资本几乎不可避免地要与国内资源（劳动、土地等）共同使用。这些国内资源原本可以用于别的方面。二是外国援助被分配给了无用的项目，没有给经济增长做出贡献。例如，通往统治者乡村宫殿的四车道高速公路；或主要用来运送政客和官僚去阿尔卑斯山度假的国际航线；或看起来印象深刻但不能发电或提供灌溉用水的大坝等。这种援助只能对受援的经济体带来负面作用。三是一些不良政府实施政策的目的，是让拥有特权的少数人致富或让执政党派保住执政地位，以致这些政策会妨碍经济增长。这时外国援助也可能助纣为虐。

现实中，外国私人投资通常比外国政府或国际机构的援助更能加速落后国的经济增长，原因是：私人投资通常由知道如何使用的人进行；私人投资，至少在没有和当地政府官员发生腐败关系的情况下，也希望经济增长。因为只有这样才能让他们的投资盈利；对于看起来印象深刻的项目，如果不能创造高于其投入的价值，私人投资者是不会感兴趣的。

（四）人力资本

教育与人力资本——识字人口是经济快速增长的另一个重要的先决条件。

学校教育既是消费品，也是资本品。因为财富增加带来更多的学校教育和更多其他方式获得的知识。

难以估量人力资本对经济增长的确切贡献。但是，我们能确定它很重要。如果没有受过良好教育的民众，技术进步能对经济增长做出这么大的贡献吗？似乎不可能。如果微软的新产品不是纯粹的玩具的话，微软新产品开发者的知识和技能必须要与微软产品使用者的知识与技能相当。复杂机械让我们能够更加容易地做很多事情，但是同时也必须有人能够设计、制造并修理这些机械。知识是经济增长进程中的关键因素。

世界上,落后国家缺的不是"物品",而是"想法"。例如,在人类历史的大部分时间里,石油毫无实用价值,是人类的智慧发现了让石油为人类服务的方法。经济学家朱利安·西蒙(Julian Simon)说:"资源更多的产生于人们的头脑,而不是大地和空气。"[①]当然,自然资源都是在我们身边的物质世界被发现的。但发现和利用这些资源要靠人类的头脑。如果动机恰当,受过教育的人可以利用这个世界随时可供使用的知识储备,把现有的东西转变成他们想要的东西。甚至让动机变得恰当本身也与知识相关。我们一直在学习如何明确地分配产权来让组织更有效地工作,让囚徒困境更少地造成协作失败。

(五)经济自由度指数

经济自由度指数,是由《华尔街日报》和美国传统基金会发布的年度报告,涵盖全球155个国家和地区,是全球权威的经济自由度评价指标之一。美国经济学家沃尔特·布洛克(Walter Block)、詹姆斯·格瓦特尼(James Gwartney)和罗伯特·劳森(Robert Lawson)三人建立了经济自由度指数,于1996年发表。经济自由度指数试图从管理控制、定价、货币政策、财政政策和国际贸易的角度衡量一个国家的经济政策。如果国家执行的政策管理控制水平低、定价自由、货币政策稳定、税收水平低、国际贸易开放,这样的国家会被评为具有较高的经济自由度;如果国家执行的政策管理控制水平高、定价受限制、货币政策带来通货膨胀、税收水平高、国际贸易封闭,这样的国家会被评为具有较低的经济自由度。

(六)私有产权的发展力

亚当·斯密认为:人们在享有参与市场进程的自由时能增加财富。经济自由使人们自愿交换私有财产——在法制之下一切适宜的买、卖和交易进行相互协作,这种自由促进了个人和国家财富的发展。这让人们能够寻找到他们的比较优势,找到以低成本生产运输稀缺商品和服务的方法,激发企业家的动力以推动市场进程。

---

① (美)朱利安·西蒙,哈尔曼·卡恩编著;武夷山,吴立夫,祝满三译.资源丰富的地球 驳《公元2000年的地球》[M].北京:科学技术文献出版社,1988:52-53.

第四节 经济发展的因素

经济发展意味着人均收入持久的、可持续的增长。它伴随着生产的多样化、绝对贫困的减少以及所有公民的经济机会的扩大。[1]一般来说,经济发展包括三层含义:①经济量的增长。经济发展意味着经济持续快速增长。②经济结构的改进和优化。生产的多样性意味着该国必须增加产品和服务的范围,而不是简单地重复生产更多的现有产品。③经济质量的改善和提高。

绝对贫困的减少意味着最贫困的那部分人口也能分享经济增长的成果。所有人的机会扩大是指人们能更自由地选择工作、消费和休闲。经济发展意味着一个国家和地区经济效益的提高、经济稳定程度、卫生健康状况的改善、自然环境和生态平衡以及政治、文化和人的现代化。总之,经济发展不仅意味着国民经济规模的扩大,更意味着经济和社会生活质量的提高。所以,经济发展涉及的内容比单纯的经济增长更为广泛。

同时,经济发展过程实际上是一个结构变迁的过程。发展的本质是收入水平的不断提高。而收入水平不断提高的前提是劳动生产率水平的提高。怎么样才能提高劳动生产率水平?那就是不断提高现有产业的技术,以及更多的创新、新的附加价值更高的产业。任何国家早期时都是贫困的,那时都是以农业为生,采用传统技术,因此农业必须逐步采用现代化技术。但农产品的价格弹性低,会出现增产不增收的问题,技术创新不能局限于农业领域,更要运用在附加价值更高的非农产业制造业中。劳动、土地、资本持续从农业配置到非农产业,是产业技术结构不断演变的过程,实质上也是工业化过程。随着工业化的发展,相应的比如电力设施、道路、港口等硬的基础设施,以及金融等软的制度安排,将逐步建立、完善。随着市场交易的规模越来越大、交易的价

---

[1] 蒋鑫. 新发展阶段、新发展理念、新发展格局的系统性逻辑分析[J]. 经济纵横,2022(07):20—26.

值越来越高,相关法律、法制也将不断完善。可见,经济发展过程实际上是一个结构变迁的过程。

【案例研究】中国改革开放以来的经济发展

改革开放以来,我国占世界经济总量的比重逐年上升。1978年我国国内生产总值为1495亿美元,占世界总量的1.8%,世界排名第11位。2010年,我国成为世界第二大经济体,并在此后稳居世界第二位。2020年我国国内生产总值达到10.1万亿美元左右,占世界经济的比重达到17%左右(据国际货币基金组织数据计算)。[1]

我国人均国民总收入(GNI)1978年只达到200美元。但改革开放后,人均GNI水平大幅提升。2010年,我国人均GNI达到4340美元;2019年,进一步上升至10410美元,比1962年增长147.7倍,首次突破1万美元大关,按世界银行标准,达到中高收入国家水平。2020年,我国人均GNI继续保持在1万美元以上。[2]

中国改革开放以来,经济结构的改进和优化主要表现在以下四个方面。

第一,产业结构不断优化。①三大产业格局保持稳定,新兴服务业发展迅速。据市场监管总局发布数据显示,截至2021年底,我国第一、二、三产业登记在册企业分别为152.0万户、968.1万户、3722.2万户,分别占3.1%、20.0%、76.9%。数据显示,第三产业呈大进大出特点,2021年,第一、二、三产业新设企业分别为23.3万户、154.7万户、726.0万户,同比分别增长9.4%、5.3%、14.3%,退出企业分别为9.0万户、58.7万户、353.3万户,同比分别增长9.8%、15.8%、21.8%。从市场监管总局统计数据可以看出,2021年我国新兴服务业新设企业增速明显,文体娱乐、餐饮服务等加速恢复。2021年,服务业发展优势突出,6个细分行业新设企业增速均高于平均水平。前期受新冠肺炎疫情影响较大的文化、体育和娱乐业加速恢复,新设企业同比增幅较大,达30.4%。科学研究和技术服务业新设企业同比增长为24.9%,住宿和餐饮业增速达19.0%。②"四新经济"快速发展。市场监管总局发布数据显示,

---

[1] 彭非,袁卫,吴翌琳. 中国发展报告[M]. 北京:中国人民大学出版社, 2020:75-76.
[2] 王伟. 通往全面发展之路[D]. 北京:对外经济贸易大学, 2020:14-15.

2021年,"四新经济"行业新设企业383.8万户,同比增长15.8%,增速较企业总体水平高3.3个百分点,较2019年增长26.5%;占新设企业总量的42.5%,较2020年占比高1.2个百分点。其中新型能源、现代技术服务与创新创业服务、互联网与现代信息技术服务、节能环保企业增速较高,分别增长35.8%、26.0%、25.5%、23.0%。从数据可以看出,2021年,我国的"四新经济"快速发展,新型能源、现代创新技术服务业优势突出。市场主体产业结构的持续优化,激发了发展内生动力,增强了我国经济发展的协调性和可持续性,进一步巩固了国内超大规模市场优势。[1]

第二,需求结构持续改善,经济增长转向依靠消费、投资、出口协同拉动。改革开放初期,我国经济总量小,基础设施落后,对外开放程度低,需求结构很不稳定。近年来,内需拉动作用显著增强。2011—2019年,我国的消费率平均为53.4%,2020年尽管受到各方面的影响,但最终消费支出占GDP的比重仍然达到54.3%,高于资本形成总额11.2个百分点,为近年来的最高水平。

第三,贸易结构调整优化,竞争力不断提升。进出口商品不断向"优进优出"转变。

第四,消费结构持续升级,新兴消费发展壮大。消费形态从基本生活型转向发展享受型,消费品质从中低端转向中高端,服务消费比重不断提高。

居民耐用消费品不断升级,从20世纪80年代的自行车、缝纫机、手表"老三件"到90年代的彩电、冰箱、洗衣机"新三件",再到21世纪移动电话、计算机和汽车成为消费新宠。2020年,全国恩格尔系数为29.8%,比1978年下降34.1个百分点。居住条件显著改善,汽车进入千家万户。

改革开放以来中国经济质量的改善和提高,表现在以下三个方面。

第一,《中国减贫四十年:驱动力量、借鉴意义和未来政策方向》报告显示,过去40年来,按照世界银行每人每天1.9美元的全球绝对贫困标准,中国贫困人口减少了近8亿,占同期全球减贫人数75%以上。我

---

[1]李剑. 对外直接投资与中国产业结构优化[D]. 南昌:江西财经大学,2022:15-16.

国是最早实现联合国千年发展目标中减贫目标的发展中国家,为世界减贫事业做出了巨大贡献。

第二,教育文化及国民健康事业大为改善。一是国民受教育程度大幅提升。义务教育进入全面普及巩固新阶段。2012—2021年,全国小学净入学率从99.85%提高到99.9%以上,初中阶段毛入学率始终保持在100%以上。义务教育阶段建档立卡脱贫家庭学生辍学实现动态清零,长期存在的辍学问题得到历史性解决。高等教育向普及化阶段快速迈进。高等教育毛入学率从2012年的30%,提高至2021年的57.8%,提高了27.8个百分点,实现了历史性跨越,高等教育进入世界公认的普及化阶段。我国接受高等教育的人口达到2.4亿,新增劳动力平均受教育年限达13.8年,劳动力素质结构发生了重大变化,全民素质得到稳步提高。二是文化事业长足发展,国家软实力逐步提升。截至2020年底,全国共有公共图书馆3212个、美术馆618个、博物馆5788个、文化馆3327个、文化站4万多个、村级综合性文化服务中心57.54万个。所有的公共图书馆、文化馆、文化站、美术馆和90%以上的博物馆实行了免费开放,实现了"无障碍、零门槛"。三是公共卫生事业成就瞩目,"健康中国"建设稳步推进。截至2021年末,全国共有医疗卫生机构103.1万个,其中医院3.7万个,其中有公立医院1.2万个、民营医院2.5万个;基层医疗卫生机构97.7万个,其中乡镇卫生院3.5万个、社区卫生服务中心(站)3.6万、门诊部(所)30.7万个,村卫生室59.9万个;专业公共卫生机构1.3万个,其中疾病预防控制中心3380个、卫生监督所(中心)2790个。公共卫生整体实力和疾病防控能力迈上新台阶,城乡居民健康状况显著改善。公共卫生体系不断完善,国民健康水平持续提高。我国居民清洁饮用水已基本实现全民覆盖。

第三,劳动者的择业自由增强,就业质量提高。改革开放前,劳动者一次就业定终身。"固定工"制度不仅损害了企业的效率,还限制了劳动者的择业自由。改革开放以来逐步破除"固定工"制度,代之以劳动合同制。同时,劳动者的就业观念市场化、就业渠道多样化、就业形式多元化,增强了劳动者的择业自由和就业稳定性,就业质量不断提高。据人力资源社会保障部统计,2019年全国企业劳动合同签订率达90%以上。

第五节 经济发展水平的衡量

由于度量经济发展是一个极其复杂的问题,为了解决这个问题,越来越多的人主张用若干个具体指标组成的综合指标体系来衡量和评价经济发展的水平和质量。如:物质生活质量指数(PQLI)、人类发展指数(HDI)。

使用人均国民生产总值作为衡量经济发展的标准有明显的局限性。因为它不能反映物品与劳务的种类,漏掉了相当部分没有进入市场交易的商品与劳务,也没有反映收入分配状况。因国内外商品相对价格差异大,且口径不一致导致国际比较失准,更因为发展中国家统计资料不完全、不准确,降低了国际比较的可比性。因此,莫里斯等人研究开发出新的指标——物质生活质量指数。

一、物质生活质量指数(Physical Quality of Life Index,PQLI)

物质生活质量指数是一个测度物质福利水平的综合指标,由死亡率、预期寿命和识字率三个指标组成[1]。该指标是在曾任美国海外开发委员会主席的詹姆斯·格蒙特和研究员大卫·莫里斯的指导下,由美国海外开发委员会提出的,于1977年作为测度贫困居民生活质量的方法正式公布,旨在测度世界最贫困国家在满足人们基本需要方面所取得的成就。

PQLI由婴儿死亡率、预期寿命和识字率三个指标组成。原因有三:①这三个指标都是社会普遍关心的问题,是"需要"的基本构成要素。②每个指标都是很好的综合指标,反映了社会在满足基本需要方面的许多特征,是社会发展成就的综合体现。③具有广泛的国际可比性,并满足构造综合指数的六条标准。

在进行计算时,以瑞典水平为基准的综合指数。识字率是与一国经济发展水平相适应的人们生活水平和教育发展程度的反映,对应的预期寿命指数则是由营养、公共卫生、收入及一般环境等指数综合而成

---
[1]彭远春. 我国社会建设指标体系研究[J]. 统计与决策,2013(20):20-23.

的,婴儿死亡率则反映了饮用水的净化程度、居住的环境条件、母亲的健康状况等。

PQLI是识字率指数、婴儿死亡率指数和预期寿命指数的算术平均值,能比较全面地衡量一国的发展水平,资料易得,计算简便易行,易于理解。

但是,PQLI的基本目的是测量世界最贫困国家在满足人类基本需要方面所取得的成就。因而它并没有测量自由、公平、安全等社会生活的其他方面,而且也不包括生活质量所包含的其他社会和心理特征,诸如就业、幸福感、人权等等。因而它被冠以"physical"生活质量指数的称号,而不是一个全面的"发展"指标。

二、人类发展指数（Human Development Index, HDI）

人类发展指数是由联合国开发计划署(UNDP)在《1990年人文发展报告》中提出的,用以衡量联合国各成员国经济社会发展水平的指标,是对传统的GNP指标挑战的结果。

联合国开发计划署创立的人类发展指数(HDI),即以预期寿命、教育水平和生活质量三项基础变量,按照一定的计算方法,得出的综合指标,并在当年的《人类发展报告》中发布。创立以来,人类发展指数已在指导发展中国家制定相应发展战略方面发挥了极其重要的作用。之后,联合国开发计划署每年都发布世界各国的人类发展指数(HDI),并在《人类发展报告》中用HDI来衡量各个国家人类发展水平。

HDI在方法论上吸取了PQLI合理的内核,又增补了人均GDP,并用购买力平价(PPP)进行换算,在知识变量中增加了平均受教育年限等,可以说HDI把PQLI向前发展了一大步。而且,自公布以来,HDI在构建及各变量最大、最小值的选择上,还在不断完善和变化。

HDI与PQLI成为世界通用的指标体系。

（一）编制HDI的原则

原则如下:①能测量人类发展的基本内涵。②只包括有限的变量以便于计算并易于管理。③是一个综合指数而不是过多的独立指标。④既包括经济又包括社会选择。⑤保持指数范围和理论的灵性。⑥有充分可信的数据来源保证。

(二)人类发展指数计算指标

人类发展指数由三个指标构成:预期寿命、成人识字率和人均GDP的对数。这三个指标分别反映了人的长寿水平、知识水平和生活水平。

健康长寿:用出生时预期寿命来衡量。

教育获得:用成人识字率(2/3权重)及小学、中学、大学综合入学率(1/3权重)共同衡量;《2010年人类发展报告》中对其进行了修改,利用平均受教育年限取代了识字率,利用预期受教育年限(即预期中儿童现有入学率下得到的受教育时间)取代了毛入学率。

生活水平:用实际人均GDP(购买力平价美元)来衡量。《2010年人类发展报告》中采用人均国民总收入(GNI)取代GDP来评估,每个指标设定了最小值和最大值。

出生时预期寿命:25岁和85岁。

成人识字率:0%和100%;为15岁以上识字者占15岁以上人口比率。

综合入学率:0%和100%;指学生人数占6至21岁人口比率(依各国教育系统的差异而有所不同)。

实际人均GDP(购买力平价美元):100美元和40000美元;.

对于HDI的任何组成部分,单个指数都可以用下面的通用公式进行计算:

$$指数值=(实际值-最小值)/(最大值-最小值)$$

根据HDI推出的一个结论是,更高的人均收入并不总是与更好的生活相关联。更好的生活是以健康和教育成果来衡量的。收入水平低的国家也可能比一些收入水平高的国家国民身体素质更好、教育前景更广阔。

(三)不断调整的人类发展指数

联合国自创立起对《人类发展指数》进行编制排名,专家们通过研究大量的数据信息对全球各个国家进行评估分析,而结果于次年公布。联合国每年都计算人类发展指数,以衡量国家的进步。该指数反映了一个国家的健康,教育和经济水平,过往也曾被称为:"生活水平指数"或者"生活质量指数"。

联合国开发计划署主要从健康、教育和收入这三个方面对各个国家与地区进行评估分析。包括如:预期寿命,儿童和成人的平均受教育年限,以及人均国民生产总值。用于评估的参数列表也在持续扩大,专家们在2010年开始将性别不平等指数和多维贫困指数纳入考虑,而在2020年,则增加了新环境参数:二氧化碳排放量和人均资源使用量。联合国视"环境压力"为评估今天世界各国的最重要的类别之一。

(四) 对 HDI 的评价

人类发展指数从动态上对人类发展状况进行了反映,揭示了一个国家的优先发展项,为世界各国尤其是发展中国家制定发展政策提供了一定依据,从而有助于挖掘国家经济发展的潜力。通过分解人类发展指数,可以发现社会发展中的薄弱环节,为未来经济与社会发展提供预警。

优点:①人类发展指数用较易获得的数据,认为对一个国家福利的全面评价应着眼于人类发展而不仅仅是经济状况,计算较容易,方法比较简单。②人类发展指数适用于不同的群体,可通过调整反映收入分配、性别、地域分布、少数民族之间的差异。HDI 从测度人文发展水平入手,反映了一个社会的进步程度,为人们评价社会发展提供了一种新的思路。

局限性:①无法全面反映一个国家的人文发展水平。人类发展指数只选择预期寿命、成人识字率和实际人均 GDP 三个指标来评价一国的发展水平,而这三个指标只与健康、教育和生活水平有关,无法全面反映一个国家的人文发展水平。②计算方法有待完善。如将9个国家的官方贫困线收入4861美元作为实际人均 GDP 的理想值,而对实际人均 GDP 水平超过4861美元的那些国家按照公式计算,这些国家人均 GDP 的比值将小于0。这样,按 HDI 的公式计算,这些国家的 HDI 值将大于联合国开发计划署计算的 HDI 的最大值。为此,开发计划署将这些国家的人均 GDP 设为0,这种处理方式无疑低估了人均 GDP 高于理想值的那些国家。③HDI值的大小易受极大值和极小值的影响。因为HDI是采用将实际值与理想值和最小值联系起来的方式,来评价相对发展水平的。所以,当理想值或最小值发生变化时,即使一国的三个指标值不变,其HDI值也可能发生变化。

改进建议:为确保HDI值准确全面地反映现实,计算HDI时应增加更多的变量,并建立非综合指数。因为综合指数难以确定权重,应对不同国家制定不同的人类发展指数参照值。现在的人类发展指数只测量最基本的人类成就,如寿命、教育等,对于已经超过这一阶段的工业国家应制定不同的指数,以能够把握特别是工业国家社会经济进步的完整范围。世界银行和国际货币基金组织常以该指标为参照,确定对发展中国家的分配和援助标准。许多发展中国家担心人类发展指数对他们获得援助和国际资金有影响,因而建议改进分配标准和援助条件。

(五)案例研究:2018世界各国人类发展指数

2018年9月14日,联合国开发计划署发布最新《2018人类发展指数和指标报告(HDI)》。

全球总体趋势是人类发展持续改善,许多国家通过人类发展类别向上发展。2018年,在计算人类发展指数的189个国家和地区中,有59个国家和地区处于非常高的人类发展指数组,只有38个国家下降进入低人类发展指数组。在2010年,这些数字分别为46和49。2012年至2017年,爱尔兰的人类发展指数排名上升幅度最大,上升了13位,而土耳其、多米尼加共和国和博茨瓦纳也在强势发展,每次上升8位。人类发展指数排名中三个下降最快的是冲突国家:阿拉伯叙利亚共和国的人类发展指数排名下降幅度最大,下降了27位,其次是利比亚(26个位次)和也门(20个位次)。

人类发展指数的变化是由健康、教育和收入的变化驱动的。全球人民健康状况有了很大改善,如出生时预期寿命增加了近7年,撒哈拉以南非洲和南亚的进展最为显著,自1990年以来,每个国家的人均寿命都增加了11年。而且,今天的学龄儿童预计在学校的时间比1990年要长3.4年。

1.各国之间和国家内部的差距继续阻碍进展

自1990年以来,平均人类发展指数水平显著上升,全球为22%,最不发达国家为51%,反映出人们平均寿命更长、受教育程度更高、获得收入更高。但是,全世界人民的福祉仍存在巨大差异。今天,如果孩子出生在人类发展指数最高的挪威,可以活到平均82岁以上,在学校度过近18年。而出生在尼日尔(HDI最低的国家)的孩子只能活到平均60岁,且只能在学校度过5年,差异如此显著。

仔细研究人类发展指数的组成部分,可以了解各国在教育、预期寿命和收入方面的不平等分配情况。经调整的不平等人类发展指数允许人们比较国家内部的不平等程度,不平等程度越大,国家的人类发展指数下降越多。

虽然许多国家出现了严重的不平等现象,包括一些最富裕的国家,但平均而言,人类发展水平较低的国家需要承担更大的不平等。

2.早年的性别差距正在缩小,但成年期仍存在不平等现象

各国内部不平等的一个主要根源是男女机会,成就和赋予权力方面的差距。在世界范围内,女性在许多国家的收入和受教育程度较低,女性的平均HDI比男性低6%。

虽然在女孩入学率人数方面取得了值得称赞的进展,但男女生活的其他关键方面仍存在很大差异。赋予妇女权力仍然是一项特殊挑战。

女性的全球劳动力参与率低于男性——49%与75%。当女性进入劳动力市场时,她们的失业率比男性高出24%。全球女性的家务和护理工作也比男性多得多。[1]

总体而言,妇女在议会席位中的比例仍然很低,尽管各地区有所不同,南亚和阿拉伯国家分别为17.5%和18%;在拉丁美洲和加勒比地区以及经合组织国家达到29%。对妇女的暴力行为影响到所有社会,在某些地区,童年婚姻和青春期早孕比例高会破坏许多年轻妇女和女孩的机会。在南亚,年龄在20到24岁之间的女性中有29%在18岁

---

[1]蓝嘉俊.性别身份认同规范与劳动力市场表现的性别差距[D].厦门:厦门大学,2019:21-22.

生日之前结婚。①

青少年的高出生率,早孕、贫困以及产前和产后保健服务不平等,导致产妇死亡率高。由于每千名婴儿活产率为101,撒哈拉以南非洲的青少年早孕产子是世界平均水平的两倍,后者每千名婴儿活产率为44。拉丁美洲和加勒比地区紧随其后,每一千名婴儿活产率为62。尽管撒哈拉以南非洲地区的孕产妇死亡率为每10万活产儿死亡549,但该地区的一些国家如佛得角的死亡率却低得多(每10万人死亡42)。②

3. 环境恶化使人类发展面临风险

环境和大气层的退化以及生物多样性的显著下降与其他发展问题有关,包括食物和水供应减少,生计损失以及极端天气事件造成的生命损失。这些严重的危机威胁着当代和后代的人类发展。一切照旧的方法必须改变,不同人类发展水平的国家以不同的方式接触并促成环境退化。较高水平的人类发展国家是气候变化的最大贡献者,人均二氧化碳排放量为10.7吨,低水平人类发展国家为0.3吨。这些平均值掩盖了相当大的差异:人类发展水平较低的国家,特别是小岛屿发展中国家,通常排放量最低,但往往最容易受到气候变化的影响。

4. 在质量发展上看HDI

各国在教育质量、医疗保健和生活的许多其他关键方面存在巨大差异。

在撒哈拉以南非洲,每名教师平均教育39名小学生,其次是南亚,每名教师教育35名小学生。但在经合组织国家,东亚和太平洋地区以及欧洲和中亚,平均一名教师教育16~18名小学生。而且,在经合组织国家和东亚及太平洋地区,每10 000人平均有29或者28名医生,南亚只有8名,撒哈拉以南非洲甚至不到2名。

---

①王效云. 拉美国家的发展困境与出路[D]. 北京:中国社会科学院研究生院,2020:17-18.
②王锦. 撒哈拉以南非洲人口红利研究及国别案例分析[D]. 昆明:云南大学,2019:12-13.

第二章 我国经济发展现状、问题及原因分析

第一节 我国经济发展现状和问题

一、我国在环境与资源领域方面的财税政策回顾

改革开放以来,随着社会主义经济体制的不断完善和发展,政府对环境资源领域的安全问题越来越重视,为促进经济的可持续发展,不断建立和完善财税政策来加以调节,即实现经济增长和资源环境保护的共赢。

改革开放初期,此时还没有针对环境保护的税收政策,主要依靠财政政策投入,这时国家把环保作为其中一项基本国策,其环保事业建设投资的70%以上都是由政府和其相关政府部门承担的,但是此时的政府投入与其需求还是相差甚远。据统计,"八五"期间国家环保的投入仅占GDP的0.7%。

自推行可持续发展战略,对于环境保护、节能减排的财税政策开始建立并不断完善,与改革开放初期相比,环境保护和节能减排的趋势更加明显。

(一)在财政支出方面政策

第一,采取国债投入政策,如1998年把环境污染治理和生态建设作为国债资金重点投入项目的积极财政政策;2006年财政部计划将国债资金的10亿元用于开展节能环保和循环经济建设的重要项目。第二,实施预算拨款政策。第三,为环境保护和治理设立专项资金政策,不断加大环保投入政策、加大资金的投入。第四,以实行财政补贴政策和推行了生态补偿机制示范地区等有利于节能环保的建设。

（二）在税收方面政策

这一时期虽然没有开征什么新税种,但是对原有的税制进行了调整和补充,如对增值税、消费税和营业税以及所得税等进行了调整,以促进环境保护和节能减排的发展。如调整消费税税目以及调整税率等相关税制调整政策,对高能耗和高排放的汽车消费税提高其税率,并把实木的地板和一次性木制筷子纳入消费税征收范围内,限制对林木资源的消耗,促进大气污染的减排和生态资源的保护。经济的可持续发展战略阶段虽然并没有提到低碳经济的发展,但财税政策的建立和完善贯穿其中,这无疑为我国低碳经济的发展奠定了良好的基础。

二、我国经济发展的现状

早在20世纪70年代初,清洁生产的概念由欧洲共同体的研究人员率先提出:要解决人类社会对自然造成的污染问题,应该消除造成污染的根源,而非只是对污染结果的处理。欧洲共同体于1979年开始推广清洁生产,此后这一措施也得到了国际组织的认同,世界各国都进行了有效的探索。如20世纪80年代,美国的环境领域研究人员一致认同:真正的环境保护不是仅限于末端治理,而是需要对工业废料做更好的处理,通过从源头上减少用料、循环使用材料和重复使用材料达到污染排放最低值。污染预防思想由此诞生。美国于1990年正式颁布了相关法律。各国环境专家对工业废料处理、环境污染预防以及清洁生产的研究,促进了循环经济模式的产生。我国发展循环经济模式的策略是基于对我国的基本国情以及经济发展现状的研究提出的。我国是一个处在经济高速发展中的人口大国,能否处理好经济发展与环境的关系意味着是否能保持经济的可持续发展,从而实现我国经济发展的目标。同时,在全球化的大背景下,环境问题也日益全球化,我国想要实现和平崛起,必须走绿色发展道路。纵观我国循环经济模式的实践过程,循环经济在中国长远发展的现实困境依然存在。较低的公众认同是循环经济模式在生产中得到应用的一大障碍,薄弱的技术支持与不完善的制度也是循环经济模式发展的重要阻碍。总之,发展循环经济是我国现今经济发展的内在要求,但是现存的种种困难让我国循环经济的发展显得任重而道远。

(一)我国发展经济面临的国内实况

我国发展循环经济是当前经济发展阶段的必然选择。循环经济模式的提出是基于我国的基本国情,不仅包括国内存在的有关人口、资源和环境的客观条件对我国实现经济发展目标的限制,也包括当今经济全球化的大环境给我国经济发展带来的压力。然而,我国在实践循环经济模式的过程中,依然有许多困难需要面对,如较低的公众认同、薄弱的技术支持以及不完善的制度等。这些困难需要我们去正视,寻找解决的途径,以实现循环经济在我国更好的发展。

1.我国经济社会发展的目标

地大物博让我国曾经一度成为世界上经济最发达的国家之一。在公元1000年左右,我国人均收入是当时西欧的1.2倍。然而,因为各种历史原因,中国在近代工业化的滚滚洪流中被西方国家超越,曾经辉煌的历史被现实的差距所吞噬,我国人民在这段屈辱的历史中经历了巨大的挫折。1949年,中华人民共和国成立,中国共产党引领着人民开辟了中国特色的新的道路,特别是随着改革开放进程的推进,我国的经济保持快速增长的势头,综合国力明显增强,人民安居乐业,朝着既定的经济目标稳步前进。

从宏观上来说,我国经济发展的目标是经济总体上有序平稳运行,实现又好又快的发展。这一宏观经济目标要求我国经济增长的过程中要"好"中求"快",坚持把经济发展的质量放在第一位,在"好"的前提下保持经济增长的速度,这既是对我国经济发展基本规律的探索研究,也是贯彻落实科学发展观的本质要求。在我国经济发展的过程中,取得巨大成就的同时也存在着一些十分严重的问题,如资源的过度消耗、地域发展的不平衡、收入差距进一步扩大、环境污染严重等,都成为我国经济后续发展的绊脚石,而这些问题大多是因为在经济发展过程中过于求"快"而忽略了"好"造成的。在改革开放四十多年的历程中,我国经济社会生活的各个方面都发生了翻天覆地的变化,为我国经济发展实现总体上有序平稳运行、经济又好又快发展的宏观经济目标,提供了有力的支撑。目前,我国综合国力和国际竞争力的大幅增强,为宏观经济目标的实现提供了充足的物质基础;同时,社会主义市场经济体制的完善,为我国宏观经济目标的实现提供了可靠的体制保障;另外,人均收入显著提升和消费结构的改善,为我国经济的发展增添了新的动力。正是这些领域的变化和发展,让我们有了实现宏观经济目标的保障。

从中观上来说,我国经济发展目标是要实现产业结构的合理化。产业结构合理化指的是在现有的科技水平、人口素质、消费结构以及资源条件下,为了提高经济效益,而对原来不合理的产业结构进行调整的过程,使生产要素得到合理的配置,实现各产业间的协调发展,获得良好的经济效益。合理的产业结构既是进行社会再生产不可或缺的条件和经济活动中获得最优经济效益的重要基础,同时也是国家经济发展进入新阶段的迫切需求和应对国际竞争的重要手段。我国目前的经济发展过程中,产业结构不合理的问题已经成为我国经济良性发展的一大阻碍,因此,制定科学的产业发展战略和有效的调节机制,以促进产业结构的优化升级,实现产业结构的合理化在我国经济发展的过程中显得尤为重要。我国经济发展要实现产业结构的合理化的中观目标,首先要着重发展信息产业,推动社会和经济领域的信息化;同时要大力发展能大幅带动经济增长的高新技术产业,从而利用高新技术产业中的先进适用技术实现对传统产业的合理化改造,如用科技带动我国装备制造业的发展,提高我国工业的科技素质与综合竞争力;另外,大力发展现代服务业同样是实现产业结构合理化的重要措施,它能提高第三产业占整个经济的比重,协调各产业间的相对地位和关联方式,促进产业结构的合理化实现。

我国经济发展的目标在微观上看就是实现产业效益优良。产业效益不仅包括产业的经济效益,即产业的生产总值和生产成本之间的比例关系,也包括产业的社会效益,即产业的产品或服务对社会产生的好的影响。

在我国,产业经济效益往往是一切经济活动首要考虑的,人们也很容易将经济效益作为衡量经济活动的唯一指标。然而当今我国经济发展的形势表明,单方面追求产业经济效益对我国经济的发展势必会产生一系列的负面影响,不利于经济的长远发展,因此,产业社会效益的实现同样是我国经济发展的微观目标的一部分。优良的产业经济效益能增加企业的盈利和国家的收入,促进国民经济和社会的发展,提高自身的竞争力;同时,产业效益提高意味着投资效益与资源利用效益的提高,对我国人口、资源和环境压力的缓解起着十分重要的作用,产生了良好的社会效益。要实现产业效益优良的微观经济目标,就必须重视科学技术的力量,将现代科技作为产业发展的核心支撑,以提高我国产业整体的科技含量,提高国际竞争力。同时要提高管理者的整体素质,运用现代化的管理方式,实现劳动生产率的提高、资源能源消耗的降低,从而给产业带来更好的效益。

2.我国经济发展面临的人口压力

我国的人口基数十分庞大,在20世纪末人口总数已达到世界第一,庞大的人口基数又使得我国人口的增长速度是其他国家的数倍。从结构上来看,我国人口的年龄结构偏轻,且老龄化的趋势明显。根据2021年第七次全国人口普查公布的数据,我国0~14岁人口为25338万人,占总比的17.95%。所以说我国人口结构上年龄结构偏轻;同时,由于医疗水平的不断提高,死亡率逐渐下降,老年人占总人口的比例上升,我国人口老龄化的趋势也十分明显。我国作为一个处在发展中国家的人口大国,年龄结构偏轻以及老龄化趋势明显的人口结构势必会加重社会负担,给环境造成一定的压力。

由于自然环境的限制,我国人口在地理分布上不均衡,东南地区的人口高度集中,而西北部人口稀少。在东南地区,人口主要集中在长江中下游、珠江三角洲、华北平原等,而西北地区人口主要集中在有利于农业生产的地方,如河套平原绿洲地带。这种从沿海到内陆、从平原到高原逐渐稀疏的人口分布规律和世界人口分布的情况大致相当,这是由人类对生存环境的需求决定的,也是与我国经济发展方向相适应的。城乡人口分布不均也是我国人口分布上的一大特点。我国是一个有着悠久农耕文明的农业大国,农村人口在总人口中的比重为78%,土地及其自然资源的压力,也给国家现代化带来很大的困难。当前大城市人口增长过快、高度密集,势必给城市经济发展、环境治理、人民健康带来一系列的问题。因此,根据我国的人口现状和经济发展水平制定合理的人口政策是当务之急,而且也是关系到子孙后代和民族兴衰的百年大计。

3.我国经济发展面临的资源压力

我国幅员辽阔的优势使得能源资源非常丰富,能源总量位居世界前列,然而,由于人口众多,平均到每个人就少之又少,在世界范围内资源人均占有量的排名十分靠后。我国经济发展对资源的依赖也十分严重。据统计,20世纪末我国经济的增长主要通过对资源的大量消耗实现,可以说,资源问题是我国经济发展的一大束缚。

煤炭作为我国的主要能源,在总量上储量十分丰富。历时8年(2006-2013)完成的国土资源部(现为自然资源部)重大项目《全国煤炭资源潜力评价》,重新厘定我国煤炭资源总量为5.9万亿吨,预测资源量3.88万亿吨,位居世界第一。然而,我国煤炭资源的人均占有量总体低于世界平均水平。我国石油资源最终可采储量约为130亿~150亿吨,仅占世界总量的3%左右。我国石油可采资源量的单位面积资源量约为世界平均值的57%,剩余可采储量丰度值仅为世界平均值的37%。可见,我国可采石油资源量相对不足。我国矿产资源总储量丰富,大约位居世界第三位,2020年,我国的四十五种矿产中能正常供应的仅有九种,特别是铁矿石、铝土矿、镍等与国家经济密切相关的矿产资源十分稀缺。由于我国矿产资源的国内需求量大,严重依赖进口,供应安全存在很大的风险。我国的水资源和土地资源状况同样令人担忧。我国水资源总量为2800亿立方米,但是人均仅为2300立方米,占世界水平的四分之一。综合我国人口水平和经济发展状况,并且将节水措施的应用加以考虑,我国2010年的水资源需求量为6400亿立方米,2020年则为6800亿立方米。我国目前总缺水量是400亿立方米左右,缺水地区占国土面积的25%。加之我国在提高水资源利用率方面的技术还不成熟,水资源的紧张日益凸显。据统计,我国农业灌溉用水利用系数平均为0.45,而发达国家为0.7~0.8,工业用水的重复率为30%~40%,而发达国家则达到了75%~80%,全国城市供水系统的浪费损失率估计在20%以上。由于地形地势的影响,我国的耕地人均占有水平不到世界的一半,而且后备土地资源十分匮乏。再加上很长一段时间以来,部分地区存在不合理使用土地的现象造成的浪费带来了非常严重的后果。从上述有关资源的数据中不难看出,我国在经济快速发展的过程中面临的资源压力十分巨大,在未来的日子里,继续粗放型的增长方式会让我国现有的资源难以为继。

4.我国经济发展面临的环境压力

我国在经济快速增长中付出的环境代价是不容忽视的。改革开放四十多年来,我国的产品输出能力已是世界前列。相应地,我国的生态环境也遭受了极大的破坏。我国制造业的经济增长对高能耗和高排放的产品有很强的依赖性,虽然出口的商品因为价格低廉有较强的竞争力,但大多以牺牲资源环境为代价。据统计,中国环境污染经济损失相当于一年里GDP2.1%~7.7%,中国生态破坏经济损失相当于一年GDP的5%~13%,两者之和大约为GDP的7%~20%,也就是说,每实现1万元GDP,大约要造成700~2000元的环境损失。因此,我国在经济发展过程中承受的环境压力是巨大的,这些压力不仅有来自农村的生态环境的污染,也有来自城市化进程中的污染,还包括重化工业给环境带来的压力。

在农村,因为农业生产活动造成的污染通常被称为农村面源污染。在我国农村的农业生产活动中,农药化肥过量使用的现象普遍存在,不仅会对土壤、水和大气造成严重的污染,而且会造成农作物的污染,危害人体健康。近年来,乡镇企业的蓬勃发展也是农村生态污染的主要来源。乡镇企业受传统自然经济思想的影响,在发展过程中大多忽视了对环境的影响,对企业的规划缺乏整体性的思想,布局上呈分散状态。这类企业发展往往相对落后,污染防治的技术和设备方面都比较欠缺,加之环境意识的薄弱,势必造成环境污染。这类污染处理不当很容易成为严重的农业面源污染。城市化进程中的污染则主要包括固体垃圾污染、空气污染和水污染。随着我国城市化进程的加快,城市的规模逐步扩大,城市人口也在成倍地增长,人们常说的"城市病"也随之而来。随着城市居民生活水平的提高,产生的大量的生活垃圾成为固体垃圾污染的一大来源。另外,城市化建设过程中所产生的建筑垃圾也是固体垃圾污染的主要来源。据统计,我国目前城市建筑垃圾量每年以9%左右的速度增加,我国城市建筑垃圾的堆放总量为70亿吨,而年产建筑垃圾为1.5亿吨。建筑垃圾所产生的粉尘不仅会带来大气和水体的污染,也会对居民的身体造成伤害。重化工业所产生的废弃物的排放给环境带来的压力同样是巨大的。重化工业的建设在我国有着非常大的需求,不管是农村基础设施的建设还是城市建设,都在很大程度对重化工业有需要。然而,重化工业的污染程度非常高,其排放的废弃物往往远超出环境的承载能力从而对环境造成巨大的伤害。目前,我国许多污染物的排放都处在世界前列,这些重化工业所产生的污染很难遏制,治理起来也十分复杂,成为我国经济增长过程中环境压力的主要来源。

综上所述,我国因为人口基数大、增长速度过快的原因,加之结构不合理,且人口分布存在严重不均衡的问题,导致我国在经济发展过程中面临着巨大的人口压力。人口压力导致我国资源的现状为总量大但人均资源的占有率非常低,以资源消耗换取GDP增长的方式将很有可能在不久的将来带来资源危机,转变经济发展方式显得尤为重要。不合理的经济发展不仅会带来资源危机,还会引发严重的生态环境问题。环境污染与生态破坏无论是在农村还是城市都十分严重,重化工业的建设更是让脆弱且复杂的生态环境雪上加霜,控制与治理难度加大,给经济健康发展造成了极大的压力。从这些方面来看,发展循环经济符合我国的基本国情。

(二)我国发展经济面临的国际实况

随着全球化的推进,世界一体化的趋势逐渐增强,使国家间的联系日益密切,各国生产要素的交换和产品贸易往来也越来越频繁。我国作为对全球经济影响最大的发展中国家,在发展过程中自身的发展方式对世界产生影响的同时也面临着来自国际环境中的各种压力。从我国目前经济发展的状况来看,我国在经济发展中面临的主要国际压力包括制度压力、生态压力以及消费压力。

1.我国经济发展面临的制度压力

从世界各国经济发展的实践来看,在促进经济发展的同时保护生态环境,从而实现国家经济社会的可持续发展已经成为政府的一项十分重要的职能,而要实现这一目标主要是通过政府合理的制度安排。

但是,由于各国的国情存在着差异性,尤其是在人口、资源和消费方式等方面存在的差别,使得各国在经济制度的制定上存在着很大的不同。

对有着较高收入的国家来说,高物质标准的生活最为常见,而这种对自然资源过分消耗的生活方式从长远来看是威胁到人类的可持续发展的,因此,必须通过制定合理的制度,调整国家发展政策和战略。而对于较低收入的国家,由于资源环境问题具有的"外部不经济性",使人们在为了达到相对满意的生活标准时,往往会选择加剧开发自然资源以获取当前需要,可持续的发展方式变得遥不可及。虽然较高收入的国家和较低收入的国家在可持续发展中都面临着制度压力,但性质却有所不同。较高收入国家需要通过制度合理化保持他们生活质量的同时降低资源能源的消耗与对环境的影响;而对于较低收入的国家来说,则需要制定相应的制度来减少或解决贫困问题,从而避免因为贫困而产生的更严重的生态环境问题。

在我国,市场经济体制已经得到了初步的建立,然而,我国的市场经济体制仍然有待完善。对照世界贸易组织对经济体制运作机制的要求来看,我国在经济管理体制方面还存在着诸多与之不符合的地方,较为突出的问题是市场对资源配置起到的基础性作用没有得到充分地发挥,在各地区之间、行业之间甚至各部门之间还存在互相封锁、割离的情况,同时市场运作的规则还不够健全,还有许多法律法规有待补充和完善,现存的法律法规中有一部分不符合世界贸易组织规则,在实际的经济运行和管理中存在有法不依和执法不严的情况,这些都是市场体系不够完善的一个方面。另外,国有企业的改革相对滞后,企业市场主体地位还未得到完全确立。同时,由于当前政府在职能定位方面不准确,导致缺位、越位的现象,出现有法不依、执法不严以及机构重叠臃肿等与市场经济发展要求极度不相适应问题。最后,在对外经济方面,我国目前的对外经济管理体制与世界贸易组织运行机制的要求之间还存在着一定的距离。我国对外经济贸易活动大多存在多头管理现象,缺乏针对国际贸易的灵活统一、协调高效的反应机制,也缺乏应对国际贸易纠纷的有效机制。在市场准入、公平竞争、国民待遇和政策透明方面还需要做出合理地调整。这些问题得不到解决,我国贸易多元化战略就难以得到实施,国际竞争力也将难以得到提高,可持续发展战略的实施也将困难重重。

2.我国经济发展面临的生态压力

20世纪70年代以来,在人类活动的影响下,区域的生态问题已经逐渐演变成全球性的生态危机,从而对人类赖以生存的物质基础构成了严重的威胁。我国作为一个负责任的大国,在逐步实现自身经济发展目标的同时,也会考虑自身的发展给人类生态环境系统带来的影响。目前我国正处在经济高速发展的阶段,在高增长率的背后,我国经济发展所承受的生态压力也越来越大。

我国的国土面积和美国不相上下,而人口总量却是其数倍之多,要想在21世纪中叶达到中等发达国家的水平,意味着我国要在更复杂的国际环境中用五十年的时间完成西方发达国家两百多年的发展,任务十分艰巨。发达国家工业化消耗了地球上80%的资源,而人口仅占世界人口的五分之一,显然这种大量消耗资源的传统经济模式已经完全不适用我国这样的人口大国,否则不仅自身将陷入资源与环境危机,对全球生态环境系统也会带来灾难。所以,我国特殊的国情要求必须重新探索绿色发展道路,要改变现有的经济发展模式,转变经济的增长方式,从依靠增加投入扩大生产的高能耗、环境代价大、竞争力弱的经济发展模式向科技含量高、环境友好、经济效益高的新模式转变。如此一来,循环经济成为我国经济发展在当前国际背景下的必然选择。在我国这样的人口大国,面对人均资源少且生态环境先天脆弱等自身条件,在经济的高速发展中发展绿色经济,对全人类的可持续发展可谓是巨大的贡献。

3.我国经济发展面临的消费压力

消费既是生产关系的重要组成部分,也是自然界物质循环的必要环节,可以说,消费是将人与人、人与自然连接起来的纽带。因此,可持续的消费方式对于促进经济发展和保护生态环境都具有非常重要的意义,也是发展循环经济必不可少的前提。从目前的消费现状来看,不管是在富裕的国家还是在贫穷的地区,其消费方式都会对经济可持续发展和生态环境产生一定的影响。在发达国家,高消费生活方式的盛行使地球资源产生了很大的浪费,对整个生态环境系统产生了严重的威胁。高消费常被称为消费主义,以商品经济和生产技术的迅速发展为前提,它是工业文明产生与发展中畸形发展的产物。由于西方国家常常将刺激消费作为一种重要的经济手段,采用各种手段刺激消费达到刺激经济增长的目的,导致了消费主义的快速升温。高消费不仅大量浪费地球资源,破坏人类基本的生存环境,还会因为重物质消费轻精神消费导致人们生存质量的下降。发展中国家的情形却恰恰相反,大多数居民因为被迫消费不足而导致贫困,进一步加剧了他们对自然资源的过度开发。因此,对于发达国家来说,当前实现可持续消费所面临的主要任务是遏制和反对消费主义,而发展中国家首要任务则是科学有效地应对贫困问题。

从我国目前经济发展的现状来看,我国现行的消费模式存在着很多严重的问题。首当其冲的是污染性消费。污染性消费的范围广,危害性也非常大。污染性消费所导致的不仅包括我们熟知的固体废弃物污染、水污染和空气污染,还包括极容易被忽视的光污染和声污染等。除了极其普遍的污染性消费,挥霍性消费也是我国现行消费模式中存在的严重问题。消费在经济生活中发挥的积极作用是不可取代的,它通过刺激生产的方式推动经济的发展,与此同时也起到了满足人们生活各种需要、提高人们生活质量的作用,因此适度、合理的消费值得提倡与鼓励。然而,挥霍性消费,即过度的消费带来的结果恰恰相反,因为资源的大量浪费不仅危害经济的健康发展,也会严重危及人们的生活质量。另外,野蛮性消费也是阻碍人与自然界协调发展的不合理消费模式之一。野蛮性消费方式指的是人们为了自身的消费目的而盲目捕杀珍稀动植物的行为,其最直接的后果就是导致大量动植物濒临灭绝,破坏生态系统的平衡。动物和植物是生态系统不可或缺的组成元素,野蛮性的消费方式最终会危害人类自身的发展。最后,倾斜性消费也是我国现行消费模式中一个不可忽略的问题。人类消费包含物质消费和精神消费两个方面,二者相互补充。倾斜性消费指的是人们在物质消费和精神消费方面存在的不合理的倾斜,要么过于重视物质消费、要么过于重视精神消费。就我国目前的情况而言,倾斜性消费的问题非常突出,主要表现为过于注重物质消费而轻视精神消费。虽然我国目前以闲暇和文化消费为主要内容的精神消费在一定程度上有所增长,但仍然存在很多不足。例如,我国精神消费在整个消费体系中所占比例仍然不高,在消费形式上,精神消费的形式过于单调,大部分人明显倾向娱乐性消费,忽略发展性消费,喜爱寻求感官刺激,轻视精神进步,从而造成通俗娱乐场所人满为患而高雅文化备受冷落的现象。总之,在全球化的国际背景下,我国在经济发展中还面临着很大的消费压力。

三、我国循环经济发展面临的问题

我国自加快循环经济的纲领性文件发布以来,在各领域中都取得了很多突破性的进展:有关发展循环经济的立法正在逐渐完善,如《中华人民共和国循环经济促进法》从2009年开始正式实施;在实践方面,循环经济在冶金、化工和煤炭等行业都取得了明显成效。然而,肯定循环经济在我国发展成果的同时,也应该看到其中存在的问题,真实地面对循环经济在我国发展面临的困境,才能有的放矢地更好地促进循环经济在我国的发展。我国循环经济发展中的困境主要包括公众的环境意识还较为薄弱,对循环经济的认同度不高,导致我国发展循环经济在动力上严重不足,氛围上也有较大的缺失。同时,循环经济作为一种对技术要求较高的经济发展方式,缺乏高科技的技术支撑同样是我国发展循环经济面临的一大困境。我国正式开始明确提倡发展循环经济的时间还不是很长,针对循环经济的法律法规还不是很完善,这也成为我国发展循环经济的一大阻碍。

(一)较低的公众认同

人是经济发展的主体,公众对经济方式的认同决定了该种经济方式被接受的程度。当今社会,大多数人对于人和自然的关系还停留在人对自然的征服与利用上,没有真正意识到人是自然的一部分,环境意识极其薄弱。人们通常是利益至上,将自然看作是可以任意加以利用且短期来看不会直接损害自身利益的对象,因此公众的环境意识普遍较低,对循环经济的认同度就更是不言而喻了。

以北京市生态环境局发布的由第三方调查机构进行的2020年北京市公众环境意识调查结果为例。2020年北京市公众环境意识指数为74.75分,比2018年提高4.23分,并呈现持续提高的趋势。"十三五"期间,公众的环境认知度及行为践行度都有所提升,越来越多的公众选择绿色低碳的生活方式。调查结果显示,近五年,公众对北京市环境质量评价总体呈上升趋势。2020年总体环境质量得分8.01分,较2016年提升了1.78分。空气质量和水环境质量评分也有较为明显的提升,相较2016年分别提升1.95分、1.60分。在政府、企业、公众三大主体中,公众认为自身在环境保护中的重要程度逐年提高。2020年,公众认为政府、企业、公众在环境保护中重要程度趋同,分别为92.6%、90.0%、91.2%,为全民共治提供了认知基础。调查显示,95.8%的受访者与他人讨论过环保话题,22.7%的受访者表示经常与他人讨论环保话题,73.1%的受访者有时会讨论。公众对破坏环境的行为反应积极,以投诉举报的方式为主。和2019年相比,公众主动监督举报环境违法行为的意愿提高了7.1个百分点。此外,愿意为支持环境改善付出一定成本的公众比例提升了2.4个百分点。

总的来说,在我国目前加强公众环保意识的活动中,公众主要面临着两大矛盾,一是公众的环保意识与真正环保行动力之间的矛盾,二是公众对政府依赖性与政府较弱的环保工作力度之间的矛盾。这些矛盾导致公众的环保意识在对待具体的环保事件上存在着很大的差异性。人们的高环保意识主要集中在范围比较狭窄的家庭生活层面,如节约用水用电、垃圾分类和爱护花草树木等行为会被公众列为环保行为,然而在社会参与方面的环保意识总体较低。与较低环保意识相对应的公众环保行动力也非常迟缓。据统计,在二十项较为普遍的环保行为中,有过半的环保行为实施率不到30%,特别是在社会参与层面,环保行动力相当欠缺。目前,公众了解环境信息主要是通过网络和电视,在日常生活中,公众对负面的环境问题较为敏感,从而给予的关注更高,然而,面对一些正面的措施,如发展循环经济等解决环境问题的举措则关注度普遍偏低。另外,公众在生活中遇到环境问题时,通常会选择向街道办事处或居委会反映,极少数会向有关政府部门投诉,公众对全国统一的环境问题举报免费热线电话——12369并不熟悉,大部分公众甚至完全不知道这个环境问题举报免费热线电话的存在。

综上所述,我国公众的环保意识在近年来虽有一定幅度的提高,但总体来说依然薄弱,落实到行动力上更是十分欠缺。对发展循环经济的认识不够,参与度更是严重不足,因此要想获得公众对其的认同,首先要让环境保护成为公众的一种自觉自愿的行为,从而真正地让公众参与其中,距离这一目标,我们要做的还有很多。

(二)薄弱的技术支撑

循环经济是一种具有高科技含量的经济发展方式,因此相应的技术支撑是发展循环经济必不可少的条件之一。我国目前的经济发展造成的资源浪费大、能源过度消耗和环境污染严重的主要原因之一就是经济科技含量低,缺乏相应的技术支持已经成为我国发展循环经济的主要障碍之一。如资源的节约、能源的替代技术、零排放物的实现技术等一系列具有很重要推广价值的技术的缺乏,已经成为我国循环经济发展的现实障碍。

虽然我国在提高资源利用效率方面取得了不小的技术突破,但从总体来说,涉及循环经济技术方面的研究还相对滞后,大多数企业对于提高资源综合利用水平的关键技术还不成熟,不足以支撑企业向循环经济的模式转变。不仅如此,我国企业对新技术的自主研发能力还不强,大多依靠和国外大企业合作,并利用他们现成的技术资源,自主研发的步伐非常迟缓,在核心技术方面长期依靠外国企业的问题十分严重。加之循环经济要具备的不单单是废弃物资源化、无害化等末端处理技术,还包括源头控制的清洁生产技术。虽然我国已建成了很多清洁生产中心,许多制造行业的清洁生产技术也被很好地掌握了,但是对很大一部分的工业企业来说,仅仅靠这些技术的支持是远远不够的。我国重要工业领域的关键技术设备不到世界先进水平的五分之一,整个装备制造业的科技水平总体还比较低,国内绝大部分设备的技术水平还相对落后,我国工业部门的能源过度消耗印证了这一点。

我国循环经济在技术方面的薄弱主要是由于对技术的投入不够,按照其他发达国家的经验,在经济发展的同时要遏制环境恶化的趋势,使整体环境状况得到改善,在环境方面的投资额不能少于当年本国国内生产总值的1.5%~2.5%。而我国目前在循环经济的科技创新投入上十分不足,且缺乏积极有效的评估机制,致使这部分相当有限的资金通常也难以发挥其应有的作用,很多科技创新项目没有得到与之相对应的回报,科技创新的后劲严重不足。所以,根据当前我国基本国情和目前循环经济发展的状况来看,促进循环经济先进适用技术的大力发展、创建循环经济的科技支撑模式已成为我国循环经济发展的必修课。

(三)不完善的法律体系

我国自20世纪70年代末确立环境保护为我国的基本国策以来,在各领域的生态治理和环境保护都取得了一定的成效。期间,以法律法规为主体的法制体系也逐步建立起来。截至2018年1月,全国人大常委会制定了28部环保法律,国务院制定了47部环保行政法规,国务院有关部门制定了数百件环保规章,有立法权的地方人大和政府制定了3291件环保地方性法规、地方政府规章、自治条例和单行条例,我国生态环保法律体系已逐渐成熟。其中最为标志性的是2014年4月24日第十二届全国人大常委会第八次会议审议通过的《环境保护法》修订草案,于2015年1月1日起实施。这是一部条文更加具体、制度更加严格、罚则更加明确的《环境保护法》,立法理念有创新、治理要求更严格、监管手段出硬招、法律责任更严厉,监管模式开始转型,突出了社会公众参与。这一系列的法律法规和标准的制定,极大地推动了我国环境保护和生态治理工作,也在一定程度上推动了我国循环经济的发展。然而,由于我国的特殊国情以及长期经济发展过程中遗留下来的一些问题,我国生态环境的整体状况仍然没有得到改变,环境持续恶化的趋势没有得到根本性地扭转,经济快速发展与生态环境之间的矛盾没有得到根本解决,循环经济的发展还相对比较滞后。究其原因,其中很重要的因素是法律制度还不够完善。

2008年8月29日第十一届全国人民代表大会常务委员会第四次会议通过了《中华人民共和国循环经济促进法》,旨在促进循环经济发展,提高资源利用效率,保护和改善环境,实现可持续发展,自2009年1月1日起施行。之后该法又根据2018年10月26日《关于修改〈中华人民共和国野生动物保护法〉等十五部法律的决定》作出修改,自公布之日起施行。通常来说,我国现有的针对环境污染问题的立法还比较多,且大多是采用末端治理的方法去处理;在资源方面,我国现有法律的关注点大多集中在资源保护方面,对于资源的节约以及循环利用等相关的法律法规还比较欠缺,缺少从源头上减少废弃物排放和污染产生的措施。最后,在整个法律体系运作的过程中,由于法律的执行机制还不够完善,对待涉嫌违反与环境相关法律法规行为的惩处力度不够,法律的效应也相应地大打折扣。

与西方发达国家较为成熟的循环经济法律体系相比,我国关于循环经济的法律体系还非常不完善,在一定程度上需要借鉴国外成熟体系的经验,再结合我国自身的法律体系结构与环境立法传统制定基本的、具有综合性的循环经济法律法规,从而不断推进我国循环经济立法的发展。

第二节 我国经济发展存在问题的原因分析

一、财政投入存在问题的原因分析

(一)没有建立起有利于财政投入稳定增长的政策法规体系

尽管我国已经围绕建立公共财政体制进行了多年改革,但到目前为止,还没有建立起有利于确保政府对低碳环保的刚性投入、提高财政投资的效率和效益的政策法规体系。例如,在我国财政预算体系中,只有环保支出科目,但没有将节能减排、新能源和可再生能源等低碳领域纳入预算中来。这使得财政无法保证对低碳经济发展的投入资金的稳定性。我国虽然在财政预算支出中开列了环保科目,将环境保护作为财政支出的一大类单列,在年度预算中保证环境管理、监测、监理、科研、信息统计、宣传教育机构的正常工作经费,加强政府财政对环保支出的保障力度。但问题的关键在于,是否能够合理确定环保支出的规模,完善相关制度,确保制度的严格执行。按照现行体制,由于环境预算在各个部门分别实施,对于严格执行环保支出财政预算、保证环保工程考核和其他相关支出的最终落实,还缺乏明确的立法形式及具体的实施细则,因而无法保证一定时期内政府环保投资的稳定比例。

(二)政府间对于低碳环保事权划分不清,致使相关投入重复和缺位并存

在我国分税制改革过程中,并没有以规范的方式明确各级政府间的事权关系,导致政府间事权划分不合理。[1]而由于中央与地方政府之间的环境保护事权划分不明确,致使环境保护投入重复和缺位并存,各级政府不能很好地履行其环保责任。一些应当由中央政府负责、具有国家公共物品性质的环境保护事务,例如跨省流域水环境治理、国家级自然保护区管理、历史遗留污染物处理、国际环境公约履约、核废料处置设施建设、国家环境管理能力建设等,严重缺乏财政的支持。如果不及时填补这些市场和地方政府没能发挥作用的空缺,国家的发展和环境安全将会遭遇严重威胁。与此同时,一些应当由地方政府负责、具有地方公共物品性质的环境保护事务,例如地方管辖的水环境治理、城市环境基础设施建设、地方环境管理能力建设等,都需要由地方财政安排。但由于环境保护事权划分不清,导致地方环境保护财权不到位,地方政府向中央政府"寻租"的现象普遍发生。这都是关于低碳经济发展投入的不合理之处。

二、政府采购存在问题的原因分析

(一)思想认识不足

第一,对政府采购的政策功能认识不足。这主要是对政府采购制度缺乏足够的认识或者存在认识的误区,把政府采购只看作是节约财政资金、预防腐败的一项制度创新,一个简单的利益再调整。认识的片面性制约了政府采购政策功能的发挥,以至于政府采购力度不到位。第二,对政府采购制度重视程度不够。有些部门、单位的领导对政府采购工作认识不全面,不认真按照要求和规定参加政府采购;有的单位则强调其特殊性,在采购中指定品牌、指定供应商,借用政府采购的形式

---

[1]贾康.中国财税体制改革的经验和愿景展望[J].中国经济报告,2019(01):24-31.

实现其原有目的,这些消极行为和做法在一定程度上干扰了政府采购工作的顺利进行,阻碍了政府采购政策功能的发挥。

(二)政府绿色采购的管理体制不健全

大多数发达国家为保证政府绿色采购活动的顺利进行,都建立了专门的组织机构进行管理,主要负责政府绿色采购的实行、信息的发布、采购清单的制定以及资料的提供等工作。如美国建立了专门的政府采购机构负责管理政府绿色采购,同时与其他政府绿色采购的有关政府部门配合完成采购工作。但与发达国家政府绿色采购不同的是,我国的政府绿色采购制度建立较晚,没有专门负责绿色采购的机构,政府绿色采购活动仍然由原有的政府采购部门组织实施,这种在同一个部门内,既有可以不依据绿色标准进行的普通采购活动,又有必须严格按照标准进行的绿色采购事项,容易产生混乱并造成政府绿色采购程序的不规范等问题。目前,国家环保总局(现为生态环境部)、财政部、国家发展和改革委员会等政府部门都开始实施绿色采购,虽会单独或联合颁布实施意见或管理规定,但相关管理职能的界定不清晰,存在越位或缺位的现象,使得这些管理规定流于形式。各部门利益的冲突也会直接导致政府采购成本的提高和效率的降低。

(三)缺少系统化的、规定详细的法律法规

财政部和国家环保总局(现为中华人民共和国生态环境部)出台的相关文件,仅是政府绿色采购的实施意见,属于行政指导性文件,不是法律,因而不具有强制性,且各项制度内容并不具体,会影响具体采购活动的实施。例如,在《节能产品政府采购实施意见》中,对于未按照要求采购的采购人或采购代理机构,并未规定惩罚措施,仅提供了参考意见。且并非强制性标准,未明确以何种法律或者法规执行以及在何种情况下可以拒付资金,变通性较大。此外,该意见仅仅是对节能产品进行规定,而节能产品并不等同于政府绿色采购的全部绿色产品。其范围远小于绿色产品的范围,且没有提出其他环境保护的要求。这使得采购人员在采购时无依据可循或者有漏洞可钻,在操作上有所不便,使得政府采购不能充分发挥其作用,采购力度不够。

三、税收政策方面存在问题的原因分析

(一)税制改革的滞后性

1994年以后,中国的税收制度除了有些局部微调之外,整体性方案、制度框架等都没有做出较大的调整。而中国的经济社会环境变化很大,经过多年的改革与发展,我国人均GNI已在2019年超过了1万美元以上。我国正在低碳经济战略转型期,现有的一些税制已经露出其局限性和被动性,不符合现有经济的发展要求。但是由于中国的税制改革的滞后,对这些税制还没有调整。因此,也就出现了现在的相关税种的规定不能充分发挥其税收政策的功能,弱化了对低碳环保节能方面的调控作用。

(二)相关配套制度不完善

我国低碳经济发展战略刚起步,时间短。有些相关税收政策的配套措施还处于初级阶段,并不完善。例如,能效的衡量标准和审计制度,作为税收对能耗行为进行调控时所需要的依据,目前还没有建立和完善,无相关依据就造成税收无据可调或者税收的不当征缴,从而无法保证节能环保工作的进行及能源的有效利用。而对于我国这方面税制尚未实施,也是在于企业对环境污染的计算标准还很模糊,所以不知道减碳量需减到什么程度才算合理,对这方面还处于探索阶段,没有一个明确的标准。因此,目前没能开征相关低碳领域的新税种。

第三章 财税政策对经济发展的功能及作用

自中华人民共和国成立以来,我国结合各个时期具体国情、政治、经济目标分别制定实施了相应的财税政策,以促进经济的快速发展,但区域间的经济发展差距也逐渐呈现出来。

近几年,部分经济学者认为区域为一种经济组织,即区域经济。按照国务院发展研究中心出台的方案,全国划分为东部、中部、西部和东北部四大板块。财税政策是国家制定的相关财政政策与税收政策的总称,涵盖许多类型。采取政府支出、税收优惠等财税政策举措,在一定程度上实现了各经济板块及主体的经济适度增长与收入公平分配等目标。从政策主导性来看,笔者认为:财税政策的资源配置功能、调节经济与社会稳定功能,使其在减小区域经济发展差距、推动区域经济协调发展中具有不可小觑的作用。

第一节 财税政策的功能

市场机制的自发运行会导致产业的自然集聚和收入分配的不公平,进而使地区间产生经济差距。而这些差距单纯依靠市场机制自发地解决,几乎是不可能的。其原因是发达地区产业的集聚和收入水平的提高,会积累更多的要素和优质人力资源,进而进一步加快发达地区的发展,加剧收入差距的恶化,形成地区经济发展中的"马太效应"。为了弥补市场失灵及其之下的区域经济不协调问题,政府需要通过"国家导向的经济政策"对地区间的经济差异进行调节。

区域经济发展宏观调控离不开区域政策。区域政策是政府为实现特定时期的、明确的区域经济发展目标,是按照区域经济发展差距而制定的。①区域政策的实施目标是实现资源和要素在空间上的相对均衡化,缩小区域之间的经济差异,实现整个社会经济发展水平的相对均等。如前所述,区域性的经济政策包括区域财税政策、区域金融政策、区域产业政策、区域合作政策等。区域财政政策有其特殊性,其调节机理与其他区域政策有着明显的不同。

一、财税政策的调节机理作用

财税政策是由于经济活动中的利益分配关系而形成的,其主要涵盖了国家、组织、个人三种社会利益群体的经济活动的利益分配关系。财税政策在协调区域经济发展过程中具有重要的调节功能,既能够发挥政府主动调节的功能(如转移支付、财政直接投入),又能够通过财政政策的引导为欠发达地区(如财政投融资、税收优惠)注入经济活力。财税政策促进区域经济协调发展,可以从两个角度进行考察:一是非均衡的财税政策对区域经济协调发展的影响。具体实施的财税政策举措大体分为三个方面——区域税收政策对区域经济协调发展的影响;政府之间的财政转移支付制度在协调区域经济发展中具有直接的投入影响和财力保障作用;区域投资政策对区域经济协调发展的影响。二是在上述发展结果不均衡的情况下,更高级次的政府制定协调区域经济均衡发展的战略规划和政策方案。在协调区域经济发展的过程中,充分发挥更高级次政府在缩小地区差距过程中的作用是必要的。总之,在区域发展中,财税政策针对的区域既包括社会经济发展比较好的发达地区,也包括针对欠发达地区制定的变"短板"为长板的战略。这些方面的财税政策具有促进区域经济协调发展和提升经济总量较高地区发展质量的多种作用。

财税政策收入分配和经济稳定功能决定了其在区域发展中应有一定的调节功能,其在区域发展中的功能体现为在社会再生产活动中存在的功能。一般情况下,可将其概括为资源配置、公平分配以及稳定经济三个方面。资源的合理配置,实质上是对社会劳动的合理分配和有效使用,以实现社会效益和经济效益的最大化。人类社会制定的资源

---

①廖晓莉,罗洁,刘忠梅.税收促进区域经济(新区)发展的国际借鉴研究[J].农家参谋,2018(03):224-227.

配置方式大体分为两类，即将政府作为中心的"行政性"资源配置方式和将市场作为中心的"市场化"资源配置方式。财政政策在调节区域经济时具有的配置资源职能，是指其能够通过财政投入、政策优惠，引导要素、资源向所引导的领域流动。财政政策在协调区域发展中具有的公平分配功能，是指经过全社会各分配主体间的物质利益关系的调节，实现公平合理的收入分配目标。财税政策是各级政府作为分配主体所采取的重要工具，且在分配中起到决定性作用。显然，其具有调节各分配主体间物质利益分配关系的职能。在社会再生产过程当中，联结生产与消费的纽带、桥梁为分配。生产与消费能否区域协调、经济运行是否实现基本平衡，不可避免地会受到国民收入分配的影响。而财政政策可以直接干预分配的过程和结果。在效率优先的前提下，促进社会的公平分配有利于区域间的稳定，为区域经济发展创造稳定的政治环境和投资环境，从而有益于区域经济协调发展。这也是财税政策分配职能的主要体现。对于经济稳定功能，在促进区域经济协调发展方面，主要是依靠采取财政政策举措影响就业和物价水平，进而为整个社会提供稳定的经济发展环境。上述几个方面构成了促进区域经济协调发展的财政政策的重要范畴。经济稳定的三个主要含义即充分就业、物价稳定和国际收支平衡。同时，随着国际经济交往进一步深化，国际收支必然会成为区域经济协调发展的重要促进或制约因素。

  对于财税政策的内涵可以通过财政投资政策、税收政策和财政转移支付制度体现出来。财政投资政策对区域经济发展所产生的影响主要体现在：财政投资政策是各级政府常用的一项促进地区经济发展的政策；财政投资政策是实现科学技术向现实生产力转化的纽带和桥梁。税收政策对区域经济发展的影响主要体现在：不同的税收会影响地区经济发展的投资环境和投资吸引力；税制结构对地方经济发展和产业布局有重要的影响；税收政策在贯彻国家的产业倾斜政策等方面发挥着尤为重要的作用。财政转移支付制度是大多数国家和地区实施以促使公共服务均等化、减小区域经济发展差距的重要工具之一。在市场经济国家、欠发达地区的突出特征表现为严重缺乏对社会公用基础设施的投入，政府财力几乎入不敷出。作为主要"援助之手"的财政转移支付,对改善社会公用基础设施、营造较为良好的投资环境以及减小其他发达地区的经济差距起着非常重要的作用。总之,上述三个具体政策是财税政策在促进区域经济协调发展中的主要体现。

在区域经济开发过程中的不同阶段,可以灵活运用财税政策,其导向作用是十分显著的。但是,政府干预经济发展的财税政策也是一把双刃剑,不仅可以缩小地区差距,也可能因为政策不当而进一步扩大地区差距,并影响市场机制作用的发挥。政府干预的基本定位应该是:坚持以政府为主导、以市场为基础,在遵循市场规律的基础上培育、引导市场,最终通过市场手段来促进区域经济的协调发展。

二、财税政策与其他政策的不同点

财税政策与其他政策的配合使用,能够对社会经济发展形成合力式的重大促进作用;财税政策作为上层建筑的一个重要组成部分,能够引导各种资源和要素的合理配置,形成有利于促进区域经济协调发展的政府主导力;此外,财政政策能够调动各方积极性、调节各方利益,从而推动生产力的快速发展。可见,财政政策在推动区域经济协调发展过程中存在着全局性、长期性、有效性的特征。

财税政策与其他区域政策的不同点,首先表现在区域政策工具的选择上。财税政策与其他政策在工具的选择上有着重合之处,比如,产业政策与合作政策的工具选择范围基本包括了财税政策的工具选择范围;而金融政策在优惠贷款、基础设施的两个选择工具上与财税政策是重合的。区域政策是针对具体的区域发展项目或项目组而选择、组合的一揽子区域政策工具,这种一揽子政策工具通常是相互配合的。例如,欧盟的共同体支持框架与共同体举措就是将同类项目规划纳入区域政策的支持范围内。根据财税政策与其他政策的优势特点,针对某一区域发展目标,对不同的政策有着不同的侧重,相互配合,共同促进区域经济协调发展。

财税政策与其他政策的共同点即都以政府为主导的。

但是,财税政策与其他政策的实现主体不同。财税政策施行是政府行为,实现主体是政府,政府在财税政策的制定、实施以及评估过程中占据主体地位。而产业政策的实现主体为相关产业的企业。政府通过税收或投资等手段,调整相关企业的成本或利润,达到调整产业的目的。相关产业的发展,最终依靠企业活动得以实现,以支撑某区域的经济发展。金融政策实现主体则是中央银行与其他相关金融部门。以经济目标或区域发展目标为导向,政府意志通过中央银行传导,以影响相关金融部门的行为,从而促进某区域金融的发展。合作政策的重点在于区域与区域之间的联系,根据各个区域的特点,更大地发挥每个区域的优势,实现合理利用以及优化人力、资源等一系列经济要素,合作政策可谓是推动区域经济协调发展的最重要的环节之一。区域合作的领域涉及各个方面,包括财税、金融、产业、资源等,因此合作政策的实现主体是多元的,包括政府、金融部门、企业、行业性组织等。

区域产业政策主要是为了发挥区域的主体产业优势,突出区域经济的发展特征。政府采取财政扶持、税收优惠等措施,银行则可利用贷款优惠等手段,物价部门可以采用不同产业区别定价等方式,扶持重点产业,对区域的产业发展形成导向作用。区域产业政策的目的是调整区域产业结构,形成区域产业的集聚特征、产业链衔接特征和自动升级特征,进而实现区域之间的协调发展、节约式发展。区域金融政策主要是为了优化金融结构,提高经济发展的融资渠道的水平,从而影响区域人力资源配置、资源要素流动、产业升级等方面。中央政府主要运用财政补贴、区域信贷政策与项目等手段来落实区域金融政策。由于我国各地区的资源禀赋、自然条件、历史发展情况各不相同,导致区域金融差异化显著,这就要求地方政府制定具有特色化的区域金融政策。区域合作政策是为了加强区域间经济发展的相互联系,推动区域间经济发展的协调性。中央政府按照不同区域的优势特点,制定专项转移支付等政策,扶植区域的特色项目和特色产业,提升欠发达地区的自我发展能力。地方政府可以根据其他区域的发展特点或与其他地方政府签订相关协议,制定相应的政策,实现区域与区域之间的共同发展。区域财税政策,其突出作用在于促进资源有效利用、分配公平以及经济稳定。而分配公平与经济稳定的功能,是其他政策较少涉及的。财税政策与其他政策在作用机理上具有明显差异。财税政策主要运用财税手段,可以作用于各个领域;而其他政策具有明显的倾向性,倾向某一特定的领域。而且,其他政策没有像财税政策那样,在公平分配与稳定经济方面具有直接影响。因此,财税政策在促进区域经济协调发展过程中具有不可替代的地位。

在其他政策的实施中,财税政策工具可以作为某一具体的经济手段进行运用;同样地,其他政策工具也可以运用于财税政策之中,因此在促进区域经济协调发展中,政府往往制定综合区域政策。综合区域政策是政府制定的综合政策、规划或计划、专项产业规划等所包含的区域政策,涵盖区域产业政策、区域金融政策、区域性的财政政策以及区域合作政策等。这些综合的政策并不是并列的,不同国家各有侧重。例如,日本重视产业政策、美国重视财政政策,但欧盟国家尤为重视区域合作政策。以上这些综合的区域政策将主要区域经济政策工具组合在一起,以实现特定综合目标。

第二节 我国财税政策对促进经济发展的作用

一、面对新形势,财税政策大有可为

(一)财政支出政策对经济发展具有积极的拉动作用

财政支出结构影响经济增长结构和质量。财政支出结构是指各类财政支出占总财政支出的比重,反映了政府动员社会资源的构成与程度,其对市场经济运行、经济增长结构的影响可能超过财政支出总量。[1]

财政支出方向调整对于正处于转型期的中国经济发展具有特殊意义。在经济转型期,中国经济发展面临的发展方式问题是无法完全依靠尚不成熟的市场自身来熨平的。因此,发挥政府职能手来改变发展方式落后与市场失灵不可或缺。

---

[1] 张硕. 中国金融结构对经济增长质量的影响[D]. 成都:西南财经大学,2020:23-24.

（二）通胀过后为了防止经济"硬着陆"，财税政策可相机抉择

通过优化财政支出结构，有保有压。也就是说，要进一步弱化或减少政府直接或间接参与的建设性投资的支出，严格控制"人、车、网络、招待"等支出增长。

（三）促控并重的财税政策有助于经济的可持续发展

利用限制性财税政策，把"外部性成本"纳入价格中，有效地克服环境保护中负外部性问题。以鼓励性财税政策倡导节能，支持技术创新。

二、实现经济发展又好又快的财税政策选择

（一）进一步调整财政支出结构，继续加大对民生领域的投入力度

这不仅有助于发展方式的转变，而且能有效增强居民的消费能力和消费意愿，以投资带消费、以消费促增长。提高公共教育支出比例，加快人力资本培育。加大对卫生、社保、贫困补贴等的支出比例，从根本上解决居民消费不振的问题。

（二）应对经济增长放缓，积极探索减税机制，使税制能够随经济周期波动而伸缩有度

为了进一步扩大内需，有效刺激消费，建议在税制方面进行如下调整：计算工薪个人所得税时，可以按照税收指数化原则，取消全国"一刀切"的税前扣除额的规定，各个地方可根据本地生活费用指数（物价上涨指数）适当调整扣除标准，以应对通货膨胀对居民消费水平提高的冲击，消除通货膨胀对实际应纳税额的影响。企业所得税合并后，仍然面临后续改革。与新税法相配套的一些优惠目录、操作程序应尽快出台，以便于实际掌握和执行。

（三）充分发挥财税政策促控并重的作用，通过建立约束与鼓励相结合的有效机制，促进经济可持续发展

1.提高环保收费标准，建立健全环保税制

关于建立健全环保税制，要从源头上加大企业使用资源的成本，倒逼企业转变增长方式。一是要完善现行的资源税；二是要开征环保税，

长期以来,我国是通过环保收费来解决环境的综合治理问题的。但借鉴国外经验,今后可以考虑通过法律形式适时更改环境保护税。

2.以节能创新为导向完善现行的财税政策

利用财税政策促进节能社会的建立,要求对现行的财税政策体系进行一定的调整和优化。

从财政角度看。今后一个时期,中央财政投入支持节能降耗的重点包括:对十大重点节能工程给予支持,采取按企业节能技术改造后实际取得的节能量给予奖励,多节能,多奖励;建立落后产能退出机制,支持关闭淘汰高耗能和高污染企业,中央财政将对经济欠发达地区按关停后的实际节能减排量,通过转移支付给予适当补助和奖励;支持建立能效标准、标识制度;通过中央财政设立的可再生能源发展专项资金,重点支持风能、太阳能、生物能源等可再生能源的开发利用。

从税收角度看。根据《节能产品目录》,一是对生产和使用列入目录内的节能产品和设备给予一定的税收优惠;二是研究制定节能技术和产品推广—使用方面的税收优惠政策,对从事节能技术开发、转让、咨询等业务取得的收入,给予减征或免征营业税的优惠;三是对符合一定条件的节能环保型汽车给予适当的消费税或车辆购置税的优惠;四是对生产节能产品(设备)或从事环保项目,并符合一定标准的生产企业,在土地使用税、房产税等方面,可考虑给予一定的优惠。

第三节 我国财税政策促进经济发展的评价

在促进区域协调发展过程中,财税政策作为一种宏观调控手段,是各级政府作用于经济的重要手段之一。[1]市场经济的优胜劣汰、马太效应、企业家分散决策等自然会导致其在协调区域经济发展中存在失灵问题。这就需要政府制定相应的财税政策、金融政策及其他产业政策进行及时的引导和调节,并处理好市场和政府之间的关系。这就意味

---

[1] 王曙光,李金耀,章力丹. 促进区域协调发展财税规制的主体与路径[J]. 哈尔滨商业大学学报(社会科学版),2019(01):85-94.

着,既要维持发达地区经济的不断增长,又要促进欠发达地区经济的发展,进而实现区域经济协调发展。目前,因我国财税政策仍存在一些缺陷或不足,减弱了其在推动区域经济协调发展方面所能产生的作用。主要表现在:财政体制不够完善、转移支付制度不够规范、财政投融资政策不够合理、税收优惠政策不够科学、缺乏针对"一带一路"倡议的财税政策等等。

一、现行财政体制的不足之处

以众人之财办众人之事的公共财政,其本身蕴含了公共性的要求,同时又是尊重市场经济规则的公共政策规则。公共财政蕴含的公共性,是因为市场经济由市场主体、经济实体、投资者、生产经营者与消费者等多元化经济主体组成,它们共同构成了一个竞争的社会,而竞争就必然会产生差距。这就需要政府提供竞争的基本环境,对竞争的失败行为提供平衡利益的均等化措施。这在我国表现得尤为突出,如沿海与内陆地区、东中西部地区、城市与农村地区的差异。若任由这些矛盾发展,在社会层面就必然会拉大贫富差距,区域经济发展不平衡问题也会继续存在,社会就不会和谐稳定,因此需要公共财政予以调节。然而我国现阶段公共财政体制仍存在以下两个方面的问题。

(一)财政支出结构不合理

地方支出结构失衡,脱离协调区域经济发展的目标,在缩小区域差距中的作用不明显。加快经济性基础设施的建设,在区域经济空间布局上会加剧区域的空间发展不均衡。目前,基础设施、基础产业等经济设施的建设,加快了资源在区域间的流动,也导致了资源在优势区域的集聚,拉大了区域间的差距。近些年,虽然地方支出规模不断扩大,但主要增加在建设性支出和政府消费性支出方面。这些方面的支出,收益率低或是没有收益,没能对欠发达地区经济的发展、技术的提高、人才的集聚以及投资环境的改善起到明显的促进作用。而且,一些欠发达地区支出规模的不断扩大,得不到及时的经济收益,导致公共财政入不敷出,随之产生巨大的地方债务。

(二)中央和地方的财权和事权不规范

分级财政体制的核心问题是事权与财权的相互结合,以事权为前提来合理划分各级财政的管理权限以及收支范围,建立较为完善、规范且权责明晰的财政体制。1994年以来实行的分税制财政体制,由于历史、地域等原因,并未完全解决我国财政体制改革的主要问题。中央和地方财政格局仍然没有变,财权与事权不匹配仍是中国财政领域的主要矛盾。

中央政府与地方政府之间、省与地方政府之间事权划分不科学、不合理,导致财政职能"缺位"和"越位"问题的共存。对经济基础比较好的东部地区而言,其地理环境相对较好,市场化水平高,本地经济的转型升级自然成为其首要的任务;雄厚的财政实力使得东部发达地区的政府能够有足够的干预能力、培育能力来促进产业结构的转型升级和创新驱动发展。但是,对中西部欠发达地区而言,在中央和地方的财权和事权不规范的背景下,本地区财力比较薄弱,实现自身可持续发展的财力不足;再赋之以公共需求不断提升的社会责任则必然捉襟见肘。因而,当地居民对公共服务水平均等化的需求致使其自身的财政实力难以支撑地方经济的发展,如:地方政府常常借助收费来筹集资金;越是在经济不发达地区,乱收费、乱罚款现象越严重;经济萧条,进而投资少、创业难、就业机会更少。

这一矛盾致使欠发达地区的地方政府难以应付其事权的支出需要。欠发达地区财政基础薄弱,财政收入远远少于发达地区,而繁重的事权支出,致使欠发达地区的财政更是入不敷出,这就进一步拉大了欠发达地区与发达地区间的财政差距,导致其基础设施、人力资源投资、社会投资环境等方面远远落后于发达地区。欠发达地区的投资回报率低、基础设施条件薄弱使得地区间的经济发展不均衡的状况持续存在,不利于区域经济的协调发展。由此可见,我国的现行财政体制还缺乏系统性,在协调区域经济发展中难以发挥应有的作用。

二、现行转移支付政策的不足之处

(一)目前转移支付制度的主要构成和规模

完善财政转移支付制度以进一步合理有效地调节各区域间的财力

分配乃是"分税制"财政体制改革的主要目标之一。优化的分税制要做到:既不制约经济发达地区仍然保持较快发展的步伐,也能够支持经济欠发达地区的总量增加和转型升级,推动欠发达地区不断发展。安体富和蒋震[1]认为,世界上大多数国家都采用均等化的一般性转移支付与专项转移支付的财政转移支付形式,并且以前者为主,后者为辅。而按财政部门所列,我国现阶段的转移支付包括一般性转移支付、专项转移支付、税收返还和体制补助。其中,在转移支付的具体构成中,一般性转移支付为主体,其主要参照可用于转移支付的资金规模、各地标准财政收入与财政支出的差额等客观因素,并且按照统一公式来计算分配。除了上述内容之外,一般性转移支付还包括基层公检法司支出、基本养老金支出、义务教育支出、新型农村合作医疗转移支付支出等多个项目。这些纳入一般公共服务的项目主要用于处理地方政府基本公共服务方面的一些问题。

1.对中西部和东北地区的一般性转移支付政策

主要包括:①一般性转移支付,如中央对西部地区的一般性转移支付,逐渐减小了西部地区地方标准财政收支缺口。②县级基本财力保障机制,为欠发达地区的县乡政府提供转移支付,提高其基本财力以均等化公共服务。③减轻负担的税收豁免。为减轻欠发达地区困难企业改造时的成本,对由于各种因素无力偿付的欠税给予豁免。④调节工资的转移支付。针对艰苦边远地区的工作人员,在完善津贴补助制度时提供中央的转移支付支持。⑤资源枯竭型城市转移支付补助。例如,鼓励中部老工业基地振兴、资源型城市转型,加快资源型企业经济发展方式的转变,设立衰退产业援助机制以及资源开发补偿机制,培育优势产业以及发展循环经济。

2.对中西部和东北地区的专项转移支付政策

其主要表现在对这些地区的倾斜补助方面,具体包括:①用于欠发达的"三农"支出资金,如支农专项资金、对产粮大县的奖励政策向中西部地区倾斜。②扶贫开发的转移支付,如加大中央财政对中部地区的

---

[1]安体富,蒋震.促进区域经济协调发展的财税政策选择[J].税务研究,2008(05):24-30.

扶贫开发投入力度,推动扶贫攻坚,提供用于改善连片特困地区发展的转移支付资金。③用于产业结构升级的专项转移支付。为促进转型升级,对于中央制定的行业发展、产业规划政策,安排专项资金给予扶持。同时,中央提供专项的基建投资资金充分支持欠发达地区的发展;中央财政为欠发达地区的边境经济合作区、国家级经济技术开发区、高新技术产业开发区的基础设施建设项目贷款提供贴息支持;通过地方特色产业中小企业发展资金、中小企业发展专项资金、科技型中小企业技术创新基金等渠道,支持中部地区中小企业发展;为扶持这些地区重大产业技术开发、重大成套装备的技术研发,提供专项的政府工程设备采购支出项目、科研投入项目与政府税收优惠政策;对中部地区优势企业的联合或者重组给予一定的政策支持。④教育项目。例如,向西部农村地区倾斜用于支持农村教育发展的部分新增财政收入,以及用于支持大中小学校建设的中央财政专项资金;为均衡义务教育的支出,完善针对中部地区的义务教育经费保障机制;专项资助中部地区义务教育的绩效工资方案。⑤科技。例如,支持西部地区的科技与科普工作;向西部地区倾斜文物经费,投资地方文化设施建设,补助广播电视建设。⑥社会保障。例如,支持中部地区保障性安居工程、城乡医疗保障体系的建设,增大制度覆盖面;扩大中部地区就业专项资金。⑦提供专项的生态与环保支出。针对欠发达地区在退耕还林、防沙治沙工程、天然林保护、退牧还草时所缺的资金,及种苗、粮食补助资金的缺口,中央财政给予专项的补助。中央安排专项建设资金,支持中部地区节能减排与可再生能源开发;同时积极支持东北地区建立资源型企业"可持续发展准备金"制度。

(二)转移支付制度的实施效果

从1994年实施"分税制"改革以来,中央政府的财力在很大程度上主要用于对欠发达地区的补助,目的是尽力实现各个地区的公共服务均等化。中央对地方转移支付的结构不断优化、规模不断扩大,有效地贯彻落实了中央相关政策措施,提高了中西部欠发达地区的基层财政保障能力,强有力地促进了教育、医疗卫生、就业以及社会保障等社会民生事业的发展,有利于区域间基本公共服务均等化。就有效贯彻落实中央相关政策措施来说,中央财政对东部地区按中央规定的基础养老金标准予以50%的补偿,对中西部地区则予以全额补偿,有力地推动了城乡居民社会养老保险制度的建立。中央财政投入的增加提高了城乡居民对于社会养老保险的认可度接受度,减轻了欠发达地区居民的负担,从而使城乡居民的参保人数大幅度增加。

(三)转移支付制度存在的不足

2000年以来,尽管中央政府的转移支付支出为地区的均衡发展做出了突出贡献,但从提高欠发达地区的自身发展能力、减小地区经济发展差距、推动区域经济协调发展的需求来看,我国以公共服务均等化为主要目标的转移支付制度所起到的作用还比较有限。

就过渡期的转移支付制度而言,其难以协调区域间的利益,不利于区域合作。财政转移支付制度是为了使得不同区域的公共服务水平均等化,进而打破落后区域基础设施与公共服务水平低——吸引投资难——经济发展水平低的不良循环,但目前还很难通过该制度形成自我良好的经济环境、制度文化环境来推动欠发达地区发展。

为了解决1994年"分税制"改革存在的不足,我国曾经采取的《过渡性转移支付办法》是尽量考虑当时的实际状况做出的改革。但在这一制度下,中央财政为地方提供的无条件转移支付资金非常少,专项转移支付比重偏大,缺乏整体的规划和规范的立项程序及分配机制。在这一模式下,导致东部地区受益较多,中西部欠发达地区反而受益较少;并且,"税收返还"补助在当时的转移支付中占到约50%,也呈现累退性的特点。这使得东部地区的受益较大,其他区域的受益较小。因而"税收返还"作为"财政包干体制"的残留物,相对不规范。与此同时,我国一直采取单一的自上而下的纵向转移支付,可地方政府间的横向转移支付却较少,造成地方政府间的利益机制很难协调,地区与地区间的经济交流与合作可谓举步维艰,没有起到缩小区域之间发展差距的作用。此外,地方政府之间竞争转移支付资金的博弈,造成了财政资金不足以及使用效益低下。现行转移支付制度与建立现代财政制度的要求相比,存在许多问题与不足,主要表现在以下三个方面。

1.财政转移支付制度的目标不清晰

财政转移支付的目标不一致,致使财政转移支付的形式也不一样。只有转移支付目标和其形式的多样性互相联系、紧密配合,才有可能达成既定的目标。目前,我国财政转移支付制度主要是为了配合重大改革举措以及宏观政策的贯彻落实而日益形成并且完善起来的,如促进分税制改革、配合农村税费改革、处理民族问题、调节工资以及居民收入等。为了维护地方的既得利益,尤其是经济欠发达地区的利益,减少阻力,确保各项改革与政策举措的顺利实施,中央对地方政府的财政转移支付项目,绝大多数是根据"存量不动、增量调整"的原则来安排设计的。这在很大程度上阻碍了中央聚集财力以及重新调整配量的空间,形成了"粘蝇纸"效应。这造成具有公共服务均等化作用的一般转移支付的规模比较小,难以有效扶持欠发达地区的经济发展并缩小区域经济的发展差异。财政转移支付改革的具体目标不够明确清晰,当中央和地方的收入划分矛盾与支出责任摩擦日益增加时,必然会引起政府财政体制呈现出不稳定状态。

2.财政转移支付结构不科学

我国财政转移支付种类繁多且变动较为频繁。在结构与功能配置方面,过渡性特征尤为明显,即缺乏全面系统性的协调,偏重维持地方既得利益,特别是一些经济发达地区的利益。大多数转移支付项目具有清晰的指向,如调整工资、农村税费改革以及资源枯竭型城市转移支付等临时性的所谓"打补丁"项目占用了较多的可用资源,制约了其对公共服务均等化以及推动区域经济协调发展等作用的有效发挥。其他如体制补助、结算补助、税收返还等转移支付形式,更多的也是照顾地方既得利益,几乎没有起到协调地区经济发展的调节效果。总体来看,由于我国的一般性转移支付被赋予了更多的政策目标且种类偏多,使其实现公共服务均等化的功能难以实现。而专项转移支付覆盖领域太宽,分配使用不尽科学。专项转移支付是扶持欠发达地区重点项目、特色项目、特色产业发展的主要财政手段之一,例如日本大分县的"一村一品"。但是我国目前的专项转移支付制度的设计还缺乏这一方面的总体规划,许多项目的申报、审批的行政化、部门化情况较为严重,项目的设立支离破碎、并且还存在分配的原则不明确、竞争获取的形式不透明等现象。这使得专项转移支付的设立缺乏宏观规划,与中央简政放权、提高行政效率的要求不匹配。而且许多专项转移支付项目要求地方配套的压力比较大,导致项目的地方财政统筹能力也比较弱。

3.管理与监督机制不够健全

财政转移支付资金缺乏合理有效的整合,渠道趋于繁多分散,且一些资金使用范围的规定过于具体。财政转移支付资金拨付的不确定性、随意性以及盲目性,使其游离在地方人大审议与监督以外。这一状况导致地方政府部门对转移支付资金的配置存在随意性,效率较低;中央政府对地方拨付的转移支付资金缺乏有力的动态监督和责任追究机制,缺乏相应的公共产品质量、供给效益的考核指标,缺乏必要的监督与制衡机制,造成转移支付资金被任意截留与挪用。此外,新旧《中华人民共和国预算法》中有关财政纪律的处罚、问责制度不够健全,严重损害了转移支付制度的权威性。

三、现行财政投融资政策的不足之处

财政投融资是指政府为了达成一定的财政政策以及产业政策的目标,采用国家信用方式聚集社会各界闲散多余的资金,特别是聚集民间闲散多余资金,由财政部门统一掌管,按照经济以及社会发展规划,在无盈利或微利的情况下,通过直接或者间接贷款方式,来支持事业单位或企业的一种资金活动。20世纪50年代,我国财政投融资开始起步,20世纪80年代以后得到迅速发展。在市场经济条件下,其作为政府实现资源配置的重要途径,在提高宏观调控能力、加快经济有效增长、调整与改善经济结构、促进区域经济协调发展等方面都有着非常独特的作用。但是随着我国公共财政框架的日渐确立与市场经济体制的逐渐完善,财政投融资政策的问题也日益凸显。目前,相对经济体制改革的其他方面,我国财政投融资体制改革相对滞后,有着融资渠道过于单一、融资范围过于狭窄、投资不够规范、管理体系不够完善等诸多问题。具体的问题包括以下三点:

(一)融资渠道单一,融资范围狭窄

我国财政投融资的资金来源严重依赖财政,主要包括预算执行过程中的间歇资金、专户储存中的预算沉淀资金、各项财政周转金、政府债券或金融债券等。而我国西部欠发达地区的财政收入远不及东部发达地区,这势必会影响西部地区的财政投融资规模,进而影响西部地区的经济发展,拉大东西部地区的经济发展差距。而且财政投融资在适时地吸纳邮政储蓄资金、社会保险基金时甚至依赖社会财力,但部分本应纳入财政投融资范围的资金却不能及时到位。

(二)财政投融资平台运行风险的区域差异

财政投融资平台,是指各级地方政府以融资为主要经营目的而设立的公司,其实质是为政府划拨土地,给予股权、规费等资产,成立一个从资产到现金流都可达融资标准的公司,并将资金用在市政建设与公共社会服务项目上,从而实现投融资目的。地方政府投融资平台的构建大大拓宽了地方政府的融资渠道,有助于促进地方投资,并推动地方经济增长。但是财政投融资平台的建设存在着非规范性特征,造成了一系列财政、金融等经济风险。如果不加以有效控制,未来将非常有可能影响各地区区域经济的协调发展。目前,我国政府采用债务置换的方式暂时维持。财政融资平台运作的全过程会产生风险,这个风险可能呈现在融资平台运转的每个环节,包括筹资融资环节、资本投放与回收环节、资本偿还和偿债环节。但是,在主要采用债务融资形式为投资项目筹集资金的背景下,所有风险中最关键的风险是债务偿还风险。虽然地方政府负债为全国性存在的普遍现象,但是不同区域的债务负担能力与偿债能力不一样,具有比较大的差异。总体来说,与发达的东部地区相比,经济落后的中西部地区负债率更高。地方政府债务负担偿债压力存在梯度下降的特征,发达地区的平均债务负担较高,但是其平均的债务压力相对小;欠发达地区的平均债务负担较小,但是其平均的债务压力相对大;有些欠发达地区不但平均债务负担大,其平均的债务压力也大。也就是说,相比财力基础比较薄弱、经济欠发达的地区,财力基础越好、经济越发达的地区,虽然其债务规模比较大,但是其财力的承受能力却更强。

目前,我国财政投融资平台的构建,呈现一定程度的债务负担的"地区性累退"特征。中央银行和银监会近年来的统计数据显示:从地域分布来看,经济较发达的东部地区占各银行发放给地方融资平台贷款的绝大多数,尤其是直辖市,其负债规模急剧扩大。然而对于投融资平台建设还相对不足的中西部地区,在这方面所占的比重却不多。虽然东部地区的债务总额偏高,但其占当地GDP的比重却偏低;而西部地区的债务总额虽偏低,但占当地GDP的比重却偏高。由此可见,因经济发展水平与财力充裕程度的不一样,在投融资平台构建过程中,欠发达地区需面对更大的财政经济风险。

(三)财政投融资导致区域经济不协调发展

首先,财政投融资用于协调区域发展的很少,自身的不足也难以在区域经济领域中有效发挥。其次,我国投资和公债政策的不足非但没有缩减基础设施方面的差距,甚至扩大了原有差距;财政投融资政策的施行不仅没有缩减区域间经济发展的差距,还进一步恶化了产业布局与经济分工的合理性、有效性。一直以来,我国经济增长主要依赖于投资推动,因此,区域经济发展的差距很大程度上也是由投资活动的差距引起的。虽然中央政府极力倡导且加大了对欠发达地区的投资,但是因国家预算内投资、国债投资以及国债转贷项目仍然比较小,其撬动社会资金的效果并不理想。尤其在交通基础设施方面,东部地区显然优于中西部地区;而西部地区因山地面积较多,且建造成本较高,其交通基础设施也劣于中部地区。区域间的基础设施方面的差距,导致区域间投资环境的差距。中西部地区基础设施的薄弱,扩大了中西部地区与东部地区的差距。

四、现行税收政策的不足之处

由上文可知,我国区域性的税收政策同经济社会发展战略的阶段性目标基本吻合。自改革开放以来,为加快经济发展步伐,我国按照"效率优先,兼顾公平"的原则,推行了鼓励一部分地区先富裕起来的"梯度发展战略",即优先发展地理位置、资金、人才等各方面都拥有优势的东部沿海地区;而当经济发展到一定水平时,政府以"公平优先,兼顾效率"为指导方针,开始实施区域经济协调发展战略,加强对中、西部以及东北地区的扶持力度。我国区域性的税收政策也在积极地配合政府的发展战略,从东部沿海开发、西部大开发,到振兴东北、促进中部崛起,政府在每个战略阶段都制定了相应的优惠政策或是税收改革试点政策。比如,鼓励东部地区开放的税收政策吸引了大量国外资本,加快了经济腾飞,助推了东部沿海地区在国家"梯度发展战略中"担任"火车头"的领导示范作用;加快西部大开发、振兴东北老工业基地、促进中部崛起等倾斜性税收政策均体现出缩小区域经济差距、协调区域经济发展的战略意图,促进了中西部以及东北地区经济的迅猛发展。

但是,税收政策在调控经济协调发展过程中也会受到国际环境政治目标、经济发展水平等各方面客观条件的影响。因此,税收政策并非都能完全达到其实施目标,在产生积极作用的时候,也会产生意想不到的负面影响。我国当前区域税收政策仍存在着一些不足,影响并制约着我国区域经济的协调发展。

(一)现行税制存在的不足

1.税制结构有待优化与完善

我国当前是以间接税为主、直接税为辅的双主体税制结构。在我国经济社会发展的前期,此税制结构在保证税收持续增长、满足国家财政支出需求等方面起到了非常积极的作用。但伴随着我国社会主义市场经济的不断发展,各地区间的发展差距日益明显,当前税制结构的负面影响也就逐步呈现出来。我国税制结构的问题主要体现为间接税与直接税构成的不尽合理。

目前间接税所占的比重较大,而直接税所占比重相对偏小。进入21世纪以来,我国的税制不断改革、深化,间接税与以前年度相比有所下降,直接税相应有所增加。但是,我国间接税比重较高、直接税比重较低的格局始终未发生本质性的改变。具体来说,我国中西部地区第一、二产业比重比较高,第一产业主要为农业,可涉及农业的税收并不多,主要是以缴纳增值税为主,增值税为中央与地方共享税,税收征管划归中央。第二产业涉及增值税、消费税以及资源税等税种。消费税属中央税,资源税依据不同的资源品种进行分类,其大部分资源税归属地方税,可是当前资源税水平比较低,致使中西部地区未能将资源优势转变为地区经济优势。第三产业涉及增值税、营业税以及财产税。"营改增"之前营业税属地方的主体税种之一,但欠发达地区的第三产业发展滞后,未能通过营业税取得大量可用财力;营业税(目前营改增之后收入全部返给地方,未来计划对增值税"五五"分成)尽管属于地方税,实际上却为不折不扣的共享税,在中央与各级政府间分享。由于财产税制并不完善,我国未开征存量的房产税或针对存量房产的财产税。为此,其也未能给中西部地区带来大量可用财力。以上产业中还涉及企业所得税与个人所得税,也由中央与地方分享。此外,企业所得税主要由国税局征收,地方未能通过此类税收获得足够可用的财力;个人所得税由地方征收,可中西部地区个人收入水平比较低,税收规模比较小,也未能使中西部地区获得大量财政收入。这些税收不能发挥直接税的宏观调控作用,也就弱化了税收在调节社会收入分配,促进东中西部地区经济协调发展的功能,制约了各区域经济的全面、协调、可持续发展。

2. 营业税的地区分布严重不均衡

"营改增"之前,以第三产业为主体税源的营业税属于地方税,其税收收入是地方政府财政收入的重要来源之一,"营改增"后受影响的仍是地方。以金融保险业、建筑业、娱乐业为主的第三产业是东部发达地区的优势产业,因此东部发达地区的营业税税收收入比较大,地方政府财力更为雄厚。相比之下,中西部欠发达地区的第三产业发展就较为滞后,其营业税税收收入也就比较贫乏,这就不可避免地进一步扩大了东中西部地区的财政收入差距。

修订后的《中华人民共和国营业税暂行条例》第14条第1项规定:纳税人提供应税劳务应该向其机构所在地或者是居住地的主管税务机关申报纳税。与修订前的条例相比,修订后的条例改变了确定营业税纳税地点的原则,将"以劳务发生地为原则,机构所在地为例外"变化为"以机构所在地为原则,劳务发生地为例外"。现实中,随着我国经济的不断发展,企业实力也在不断增强,贸易范围便会越来越广,许多发达地区实力雄厚的大企业,其服务范围几乎涵盖了全国。而按照此规定,发达地区企业在欠发达地区提供应税劳务,营业税收入却不能成为该欠发达地区的财政收入。此外,修订后的条例将"对外商投资企业和外国企业征收营业税,按照全国人民代表大会常务委员会的有关决定执行"的规定删除了,这就意味着修订后的条例也适用于外商投资企业和外国企业。修订后的条例虽为我国内、外资企业营造了相对公平的税收环境,但也使得中西部欠发达地区失去了一个吸引外资的重要因素。

3.消费税难以推动中西部经济的快速发展

从产业结构来看,消费税对烟类、酒类以及石油类等各类产品都制定了较高的消费税率。这虽体现了消费税调节消费结构的目的,但这些产业在欠发达地区也占有较大的比重。因此,除了会在客观上引起中西部地区的宏观税负偏高,也会在一定程度上制约中西部地区经济的发展。此外,当前消费税征收范围较窄,仅对一些高档消费品征税,并不对奢侈性消费行为进行征税,然而这些奢侈性消费行为在经济发达地区又比较普遍。因此,消费税的缺位会使东部发达地区的一些企业、群体的税负较轻,未能强有力地调节东部地区高收入群体的消费。此外,消费税大多在生产环节征收,对在欠发达地区的消费,其未能成为欠发达地区的消费税收入。这非但不能起到调控消费的作用,还会进一步扩大经济发达地区与欠发达地区的财力差距。

4.资源税制约了中西部地区的财力与发展空间

2016年5月之前,大多数资源税采用与资源产品的市场价格无任何关联的从量定额的办法来征收,2016年5月财政部、税务总局下发了《关于全面推进资源税改革的通知》,虽然部分资源税项目采用从价征收,但税负仍然是偏低的。这些资源的低税负会引起我国自然资源的"价格失真",资源低廉的价格会引起企业对自然资源的严重依赖性,也就降低了企业技术创新、自主研发的能动性。此外,偏低的市场价格引起企业大量地投入自然资源要素,导致欠发达地区的单位GDP能耗居高不下,严重违背了"绿色GDP"的持续发展理念。这除了导致资源的严重浪费外,还较大地削弱了该地区的可持续发展能力。当前的资源税无法增大足够的财政收入。资源开发方面的税收对资源较丰富的中西部地区来说,的确是其财政收入的重要来源,但是狭窄的税目范围与较低的税额无法使中西部地区的资源优势发挥出来,显然也就难以使中西部地区的资源优势转变为经济优势。这也是造成中西部地区财力与东部沿海地区差距悬殊的原因之一。

5. 所得税"汇总纳税"造成收入与来源地的背离

《中华人民共和国企业所得税法(2018修正)》并未足够重视地区间税收归属的公平问题。我国当前税法是按属地原则来确定纳税地点的,企业所得税的25%会分配给企业总部所在地,于是地方财政收入的25%将会从公司的分支机构所在地转移到总部所在地。由于欠发达地区的交通、通信、商务环境较为落后,很多的优势企业都将总部注册到中心城市或者是省会城市等经济较为发达的地区。这一结果使得许多欠发达地区的税收收入被转移到了发达地区的中心城市、二线城市。显然,这对跨国公司、大企业总部集中的大城市和东部发达地区是有利的,但对小城市和中西部欠发达地区自然是不利的。这就严重违背了税收归属与税源一致性的原则,也损害了税收的公平性,同时也挫伤了中西部地区发展经济的积极性,使区域间可支配财力更趋不平衡,区域间的经济差距加大。

(二)现行税收优惠政策的不足之处

为了协调区域经济发展,我国相继制定了各种税收激励政策以加快欠发达地区的发展,促进发达地区的转型升级。这主要包括:2000年,为加快西部大开发,国家制定了各项税收优惠政策;2004年,为实现东北振兴,国家提供了"提高固定资产折旧率、缩短无形资产摊销年限和提高计税工资税前扣除标准"三项所得税优惠政策,并且允许东北地区率先由"生产型增值税"转为"消费型增值税";2007年,国家规定中部地区由"生产型增值税"转换为"消费型增值税";2011年,《财政部海关总署、国家税务总局关于深入实施西部大开发战略有关税收政策问题的通知》(财税〔2011〕58号)明确了新一轮西部大开发税收优惠政策:从2011年1月1日至2020年12月31日,对建立在西部地区,并且以《西部地区鼓励类产业目录》所制定的产业项目作为主营业务,加之主营业务收入占据70%以上收入总额的企业,按减15%的税率征收企业所得税。诸如此类的政策较多,不再一一列举。

上述税收优惠政策在协调区域经济发展过程中切实发挥了一定的作用,拉开了区域间投资的税负差距,促进了欠发达地区的发展。但是,我国的各项税收优惠政策主要是针对行业性、产业性的优惠政策,使针对东中西三大区域的政策忽视了发达的东部地区也存在着落后的区域。旨在调控区域经济协调发展的税收政策,或者是试点性的政策措施,或者是前期优惠政策的延续,均缺乏系统性的针对欠发达地区的政策措施,并且我国的税收优惠政策较为单一,各地方政府执行优惠时存在较大的幅度差异,从而使得面向欠发达地区的优惠政策不具有突出的"优势"和"优惠性"。具体的问题包括以下四种。

1.税收优惠方式比较单一,所涉税种相对较少

我国的税收优惠基本集中在提供优惠税率、减税和免税等方面,而在加速折旧投资抵免等方面所采取的间接优惠方式比较少,且对于企业运行过程中的税负降低考虑也比较少。与直接优惠相比,间接优惠不是对企业形成的既有利润给予优惠,而是侧重于减少企业投资过程中的风险,更加有利于促进对资金密集型和技术密集型项目的投资。西部大开发所涉及的税收优惠政策仅为企业所得税,对西部欠发达地区的发展环境而言,其他一些小税种的优惠似乎微不足道;东北地区局限于增值税转型的改革试点,但在全国推广消费型增值税后,东北地区几乎无任何突出的税收优惠政策供给。税收优惠方式较单一且缺乏比较优势,不利于欠发达地区的企业参与公平竞争,也不能有效地实现吸引投资、发展经济的目的。

2.税收"洼地"致使欠发达地区税收优惠政策不具优势

税收优惠政策的延续地区大多位于东、中部地区,集中于相对比较发达的大中型城市。设立在这些区域内的企业可以享受优惠税率、定期减免税等所得税方面的优惠。相对而言,欠发达地区的税收优惠政策不够明显,使得各项资源流入欠发达地区的数量不足。对此,刘生龙和王亚华[1]等认为,西部大开发主要是通过大量的实物资本尤其是基础设施投资实现的,教育发展、科技进步以及软环境并没有因西部大开发

---

[1] 刘生龙,王亚华,胡鞍钢.西部大开发成效与中国区域经济收敛[J].经济研究,2009,44(09):94-105.

而得到显著改善。具体比较区域间资本税负的差异,可以发现:东、中、西部地区单位投资资本的平均税负差异并不是特别大,即区域间的税负差距并未随着既有税收优惠政策的实施而有明显的变化。

3.税收优惠政策对中、西部地区并没有做到因地制宜

西部地区的产业所有制结构及资源分布的特征,使现行的税收优惠政策对协调区域经济发展的作用相对较小。税收优惠政策的重点锁定在高新技术产业、环保节能产业及其他政府战略性规划的新兴产业,但是这些产业大多集中在东部沿海地区,并非中西部地区有待发展的产业领域。对于中西部地区来说,完善区位优势、塑造自我发展能力是其最重要的发展环节。因此,这些地区急需加大扶持力度的产业领域为基础设施与基础工业等。但我国目前并没有针对中西部地区产业发展特点的税收优惠政策。这一结果导致针对欠发达地区的税收优惠政策难以发挥应有的调节作用,对欠发达地区的作用有限。除此之外,针对欠发达地区企业所得税减免的领域主要包括高投入、周期长的产业。但是欠发达地区的私人资本并不愿意涉足上述产业。除非予以强有力、见效快的税收优惠政策来引导,否则依靠效果呈现缓慢的企业所得税减免是很难吸引民间资本流入欠发达地区的。因此,对一些地区的区域经济协调发展而言,当前的税收优惠政策甚至可能会引起一定的逆向调节作用。

4.配合区域经济协调发展的税收优惠政策执行不力

为弥补政府缺少的这一部分税收收入,由于税收优惠政策造成的收入减少最后由政府部门以其他收入来填充。在一些欠发达的县区,"其他收入"就被转嫁给当地的投资企业或是新设企业,或是通过罚没形式来补充。最终又增加了企业的负担,恶化了投资环境,导致欠发达地区经济的自我发展能力更差。

总之,区域税收优惠政策没有起到振兴欠发达地区经济的显著作用。对此,李香菊和祝玉坤[1]也认为,对于调节区域经济协调发展而言,税收优惠制度所能发挥的作用是非常有限的,税源跨地区不合理转移

---

[1]李香菊,祝玉坤.区域经济协调发展与税收政策:一个新经济地理学的视角[J].税务研究,2011(07):24-28.

问题突出,影响中西部地区的税收收入增长和税收管理。因此,我国有必要进一步完善税收制度和优惠政策,建立健全协调区域经济有效发展的税收政策体系。

五、"一带一路"对财税政策的需求

"一带一路"倡议的实施,需要实现区域的"互联互通"与协调发展,需要在开放合作市场运作、互利共赢的基础上进行。因此,"一带一路"必须强化市场经济主体的作用,积极发挥市场在资源配置中的决定性作用,发挥私人投资的主体作用;与此同时,必须遵循市场经济规律,按照国际通行的规则协调好投资方和利益相关方的经济关系、社会关系,处理好国际税收关系。根据我国税制体系的基本特征和制度框架,按照国际贸易的规则和国际税收的惯例,我国应积极探索有利于"一带一路"实施过程中推动区域经济协调发展的财税政策。

(一)"一带一路"与区域协调发展

第一,"一带一路"倡议立足国际国内两种资源、两个市场,有效地衔接了沿线各国的利益契合点。首先,这一倡议将区域协调发展问题放在国际大背景下来解决,一旦统筹了国际、国内两个大局,许多国内无法解决的问题也就迎刃而解了,如我国钢铁、电解铝、水泥的产能过剩,而很多国家正在加速工业化发展,需大量的钢铁、电解铝和水泥。其次,这一倡议能较好地满足欧亚非国家的发展需求。中国将以带状经济、走廊经济、贸易便利化、技术和经济援助等方式推进沿线国家共同发展。国际金融危机以来,上述这些地区结构矛盾突出,内部经济增长动力缺乏,"华盛顿共识"颇具微词。西方发达国家又不可能充当引领这些地区经济发展的"发动机"。我国市场广阔,技术较为成熟,资金相对充裕,经济长期基本面稳定,沿线国家大多希望进入我国发展的"稳定轨道"。再次,这一倡议有利于促进我国中西部地区发展。我国钢铁、电解铝、水泥、建材等行业产能过剩,可以通过贸易与对外投资对外转移。目前,我国向沿线国家的投资占我国对外总投资的13%,对东南亚国家的投资仅仅相当于对欧盟投资的1.5%、对日本投资的3%。未来10年,我国对沿线国家的投资规模有望达到3.5万亿美元,占对外总投资的70%。未来"一带一路"沿线国家及地区的工业化与城市化进程将会加快,2020年以前亚洲地区的铁路、公路、航空、管道、互联网、物联网等基础设施每年需要7300亿美元的投资。伴随着"一带一路"的实施,人民币使用量增加与管理制度变革,将有助于在中西部地区形成区域性金融中心。

第二,"一带一路"倡议顺应了市场的发展趋势,较好地把握了生产要素向中西部地区转移的时机。以往西部大开发等战略的效果不够显著,一个极为重要的原因是:在生产要素自动流向东部地区的背景下,发展中西部地区主要依靠政府投资的引导,自我发展能力未能形成。近几年,随着我国刘易斯拐点、库兹涅茨拐点的出现,东部地区生产要素成本高、企业盈利空间大大压缩、资源环境约束日益强化,原本低成本竞争优势逐步消失;反之,中西部地区基本完成了基础设施、工业园区等经济起飞所需的基本条件,各类生产要素和企业在市场机制作用下也开始逐渐往中西部地区集中,2008年国际金融危机爆发后这一趋势尤为明显,如笔记本电脑产业大量积聚重庆、三星集团巨额投资西安等都是典型案例。在这样的情况下,"一带一路"倡议目标是力图实现东、中、西三个地区的互动合作、东部地区的开放和合作目标,是强化体制机制进一步深化改革,加快转型升级,强化创新驱动战略,不断提高产品的品牌价值、技术价值和附加价值,成为引起境内外合作创新发展的领头方阵。西部地区则是重点挖掘其区位优势、资源优势和特色文化优势,综合经济、文化及民族人文优势,建立向西向北开放的通道、枢纽基地以及窗口;内陆地区将利用纵深广阔、人力资源丰富、产业基础较好等优势,通过铁路水空联运,建设沟通境内外、联通东中西地区的运输通道。这些都将有利于打破国内市场的分割,形成东中西部地区市场的互动和地方政府的配合,也有利于中西部地区基础设施的建设、贸易投资的发展以及制度的完善创新。

第三,中国综合国力、企业竞争力以及资本输出能力明显增强,能够在开放中实现共赢。历史上,世界大国崛起都是依靠自身实力不断增强、对外开放不断扩大实现的。我国经过四十多年的改革开放,经济总量已经位列世界第二,通过继续扩大对外开放来提升综合国力以发挥更大的国际影响力,不仅有必要也有可能。改革开放前,我国长期封闭环境下的企业在生产、经营等方面都无法与国际企业展开公平竞争,欠发达地区企业的竞争力尤为不足。改革开放过程也是企业参与国际竞争的过程,随着国内企业的实力与竞争能力大幅提升,其已有条件、有基础在对外开放中参与平等竞争,有能力参与制定国际规划。同样,我国经过多年的商品输出阶段,富余资本与外汇储备大量积累,人民币币值稳定,国际地位提升,我国正向商品输出和资本输出并重阶段转变。"一带一路"倡议将为一些企业和资本"走出去"提供更多的竞争合作的机遇。

(二)"一带一路"下财税政策的重要性

我国对"一带一路"沿线国家投资增长较快,承包工程稳步推进。2021年1月至5月,我对沿线国家非金融类直接投资74.3亿美元,同比增长13.8%,占同期总额的17.2%,较上年上升1.7个百分点。在沿线国家新签承包工程合同额464.9亿美元,完成营业额308亿美元,分别占同期对外承包工程新签合同额和完成营业额的55.5%和58.5%。这表明,中国与"一带一路"沿线国家的经济贸易联系在加强,势必也将影响区域经济的协调发展。同时,随着国际投资与国际贸易的融合越来越多,它们之间的转化也日益常见。国际投资形式多样化,投资规模不断扩大,不同投资形式需要不同的配套条件,资本输出与国内资本的发展需要相互协调,随后国际资本流动的监控环境也会发生变化。这些都说明,按不同的税收管理节点的要求,进一步完善相关财税政策已然迫在眉睫;并且"一带一路"倡议是国家发展战略的重要组成部分,是实现各国多赢共赢的积极举措,财税政策选择服务于国家发展战略目标是理所应当的。

1."一带一路"实施过程中区域税收协调的重要性

在世界范围内的区域经济一体化进程中,税收协调发挥着非常重要的作用。比如欧盟,其成员国之间的税收协调是欧盟经济一体化政策协调的重点,包括从BEPS(税基侵蚀和利润转移)问题、关税协调、增值税协调、所得税协调到反避税、反有害税收竞争等方面的合作。多年来,欧盟成员国之间的税收协调不断地推动着欧盟在经济、文化等方面的一体化进程,使欧盟成为目前世界上一体化程度最深、范围最广的区域,并且随着欧盟一体化程度的不断加深,各成员国在经济、社会文化等方面也取得了长足的发展。目前,"一带一路"还处在设计和建设中,空间范围还在不断变化,并且位于这一区域内的国家在政治制度、宗教、文化以及经济发展水平等方面都存在着不同程度的差异。虽然实行有效的区域税收协调任重而道远,但"一带一路"税收协调的重要性也是显而易见的。

第一,提高"一带一路"地区合作能力,推动全球经济发展。如何尽快培养新的增长极是世界各国共同的诉求,以"一带一路"为依托的经济合作有着巨大的意义。然而该区域各国的经济发展水平与成熟市场经济体有着巨大的落差,这种差距表现在国家基础设施供给严重不足和与市场经济相关的规范与制度不够完善。在这样的背景下,各国之间的税收政策必然会发生摩擦,影响双边贸易的发展。因此,开展区域税收协调,提高区域内各成员国的福利水平,将会使区域内市场一体化程度逐渐加深,并进一步促进区域经济协调发展。

第二,增进"一带一路"各国之间的贸易往来和经济实力。"一带一路"倡议地域跨度大、资源丰富而且具有很大的互补性,区域内各国在经贸、能源、交通、科技等领域都有着广阔的合作空间。比如中亚五国,对进出口的依赖度很高,外贸总额总体呈现上升的态势。据世界银行的统计数据显示,在中亚五国中除了塔吉克斯坦之外,其他四个国家的出口额占GDP的比重都超过了国际平均水准;另外,中亚五国各国内部的出口能力又极其不平衡。区域税收协调可消除区域内贸易壁垒,扩大区域内贸易和投资规模。世界各种区域性的合作组织在合作的初期都普遍采用关税协调,区域内通过关税协调可以逐渐实现贸易自由化,不仅可以促使区域内产品生产效率的提高,同时区域内企业资本的流动也将进一步优化资源配置,降低整个区域的生产成本,增强区域经济的整体竞争力。

第三,避免恶性税收竞争,加速各成员国的内部税制改革。在区域经济一体化的进程中,各国之间的生产要素流动日益频繁,国内税制差异所引起的障碍加速了政府间的税收竞争。税收协调措施将有利于减少各国的税收差异,促进各国国内的税制改革,使得税收竞争实现合理的均衡状态。以处于经济一体化道路中的俄罗斯、白俄罗斯和哈萨克斯坦三国发起的关税同盟为例,为提供统一经济空间发挥职能的法律保障,三国在2011年3月批准建立统一经济空间协议的实施计划。2012年1月1日统一经济空间协议启动之后,三国相继进行了一系列区域税收协调,从而防止成员国之间的不正当税收竞争,保障成员国经营主体平等的纳税责任,也促使成员国为履行相关的地区性协议而着手进行国内税制改革。2015年1月1日,吉尔吉斯斯坦成为欧亚经济共同体的正式成员国,吉尔吉斯斯坦经济部长萨里耶夫曾表示,吉方为此需就若干法律法规进行审议,以尽快实现与同盟法规的协调适应。可见,在区域经济一体化进程中,区域税收协调是成员国进行国内税制改革的助推器。

2.税收优惠政策的重要性

《推动共建丝绸之路经济带和21世纪海上丝绸之路的愿景与行动》第四部分合作重点指出,我国应该"加快投资便利化进程,消除投资壁垒。加强双边投资保护协定、避免双重征税协定磋商,保护投资者的合法权益"。实施"一带一路",离不开政府各项财政、税收、产业、金融等方面政策的大力扶持。财税激励和引导政策是国家干预经济的重要政策之一,适当的财税激励和引导政策对经济发展而言是必不可少的,但同时税收优惠的"自由裁量式实施"可能会扭曲市场竞争、扰乱市场秩序。正是因为过去我国的税收优惠政策过多过滥,因此2014年底国务院专门下发《关于清理规范税收等优惠政策的通知》(国发〔2014〕62号),对国内税收优惠政策展开清理规范工作,这无疑是提升国际税收竞争力的重要举措。因此,对于当前有关"一带一路"倡议的税收政策,应形成系统化的规划和设计,强调政策的统一性和规范性。

3.优化税收服务的重要性

相比国内,境外的投资经营环境、法律、人文习俗等要复杂得多。"一带一路"沿线国家,传统上并不是我国对外投资的重点区域,企业对这些国家的税收制度往往缺乏必要的了解。因此,我国应尽快加强对"一带一路"沿线税收政策的调研,归纳、梳理"一带一路"沿线60多个国家与地区的有关税收规定，以及这些国家为了吸引投资而实施的税收优惠政策，对外签署双边税收协定状况等信息。要通过各种税收服务便于纳税人直接查阅国外的税收制度以及税收协定的执行状况，以利于纳税人利用国际税收协定来最大化自身利益。此外，还应该编印《"走出去"企业涉税服务指导手册》，根据不一样的产业与行业、不一样的境外投资经营组织形式、不一样的业务类型，给予基础性的办税指引。

但在目前，关于"一带一路"的财税政策思考还较少；部分政策与"一带一路"倡议还有不协调之处。比如，我国企业所得税采取的是"属人原则"，但是许多发达国家税制采取的是"属地原则"，OECD大多数成员国采用"属地原则"，或在避免双重征税方法上采用免税法。由此，本国居民在海外投资时不需额外负担母国的税负，也有助于本国投资者与其他国家的投资者在东道国进行资本的公平竞争。显然我国的《企业所得税法》在促进企业"走出去"方面还存在一定的不足之处。

（三）地方服务落实"一带一路"的典型案例

在国家的全局政策布局之前，许多地方政府就已经谋划利用财税政策推动"一带一路"在本地的实施。例如，连云港市在2014年就探讨了"一带一路"所涉及的财税政策。该市在2014年6月底研究了"一带一路"交汇点—连云港—服务全局的财税政策、"连云港市争取丝绸之路经济带（连云港）自由贸易港区相关财税政策研究"等课题，讨论了针对重大项目的投融资方案、启运港退税政策、获得国家级的"东中西经济合作示范区"先行先试的税收政策、品牌建设和软环境建设的财税支持及其他政策的先行先试等。

除了应用财税政策支持地方优化产业结构、匹配"一带一路"之外，还有一些地区在研究"一带一路"实施过程中税收管理和税收服务项目。例如，福州开发区国税局在2014年提出以"一带一路"建设为契机，搭建涵盖地税、海关、经贸等部门的"涉税信息共享平台"。这个平台的功能是强化税源监控，及时预警涉税异常，帮助企业规避涉税风险等。

当然，在"一带一路"建设中，财政政策作用较为直接，政府可通过财政投融资、PPP（公私伙伴关系）等方式撬动社会资本，增加对铁路公路、桥梁、码头等基础设施建设的投入；政府还可以利用财政担保、财政贴息、PPP模式鼓励社会资本投入"一带一路"建设。国家税务总局也强调探究服务于"一带一路"实施的税收政策和税收服务。这表明，今后"一带一路"实施将会获得更多的关注和更多的财税支持政策。后文将讨论如何在现行的财税政策框架下提供满足"一带一路"实施要求的财税政策。

第四章 财税政策促进我国经济发展的作用机理

第一节 生产端财税政策作用机理

低碳经济的发展需要综合应用市场、行政、经济等多种手段,由于传统经济发展模式负外部性和低碳经济正外部性的存在导致资源和环境的价格未能有效体现在企业成本中,能源价格也尚未体现其稀缺性,市场机制不完善导致单纯利用市场手段发展低碳经济困难重重,这时候就需要财税政策来发挥作用,对能源结构调整、产业结构调整以及技术创新等发挥一种诱导作用,才有助于实现我国低碳经济的发展目标。[①]

我国一直以来的经济发展模式都是以高碳能源为主,这种传统发展模式已经陷入了一种"碳锁定"困境,这种困境一方面表现为对高碳能源的依赖性,另一方面体现为现有的制度适应性。要想打破这种"碳锁定"困境,低碳技术创新和发展是关键,也有助于实现经济发展模式的低碳化转变。由于在转变初期,企业低碳生产的投资成本大,市场需求也较低,会大大影响企业的利润,若没有外力帮助,企业的这种低碳转变必然会以失败告终,不但会对企业产生一种负向的激励作用,也会使企业没有持续的动力来生产低碳产品,这时候就需要政府发挥作用。

由于低碳经济涉及政府、企业和个人三个主体,且各主体之间的目标不同。博弈论是研究不同主体之间行为特征和最优策略的理论,通过改变设定条件,主体的最优策略会发生变化,所以本书从博弈的理论分析财税政策对于生产端和消费端的作用机理,以证明政府财税政策在促进低碳经济发展中起到的作用。以下主要从博弈角度研究征税、

[①] 江云.促进技术资本形成的税收政策效应研究[D].南昌:江西财经大学,2021:30-31.

补贴两种财税政策的作用机理。

假设市场中有两个主体A和B,且都是理性经济人。

收益公式为:

$$R = I_1 + \frac{I_2}{(1+r)^t} - C$$

其中I_1代表实施低碳经济的当期收益,I_2代表未来收益,考虑到资金的时间价值,将未来收益进行折现,r为贴现率,C为成本。对于实施碳减排的企业来说,由于当期收益较低,所以$I_2>I_1$,C为实施低碳经济而采购的节能环保设备等成本。

一、政府不进行干预

若A和B都没有实施碳减排,则收益为0。若A实施了碳减排,而B没有实施,则A的收益如上式所示,由于低碳经济具有的外部性,B也能得到收益是I_3,且$I_3<I_1$。

此时只要有一方实施了碳减排,对于另一方都是有益的,而在初期实施碳减排的成本较大,所以$R<0$,这样市场中就没有主动实施碳减排的企业,不利于促进国家低碳经济发展。

二、政府进行补贴

政府若对实施碳减排的企业进行补贴时,假设补贴收益为W。

政府实施补贴可以增加实施碳排放企业的初始利润,初期只有当$R+W\geq I_3$时,各企业才有动力实施碳减排,随着R的不断增加,W也应动态改变,这为我国设立退坡动态补贴机制提供了依据。同样,对于消费者进行补贴,可以降低消费者消费低碳产品的成本,如政府对私人购买新能源汽车给予补贴,相对一般汽车来说,消费者购买新能源汽车的价格更低,所以促进了低碳产品消费。

三、政府同时进行征税和补贴

当有一方实施碳减排,一方不实施时,若$T>I_3$,不实施碳排放的企业就会产生亏损;如果两家企业都不实施低碳经济,则亏损得更多,所以至少存在一家企业有实施碳减排的动机;当$R+W>I_3-T$时,A、B企业都会实施碳减排。同时,征收的税还可以用作W,减轻财政压力,弥补补贴缺口。对高碳生产和消费的税收惩罚会间接作用于企业的生产成本，短时间内会使企业减少能源需求，产品生产减少，会对经济产生不利影响；但是从长期来看，这种短期的阵痛是必然存在的，只有严苛的限制政策才会倒逼企业去转型，才能加快企业从高碳生产方式向低碳生产转型，所以生产端的补贴和税收都是通过影响企业成本从而影响利润，最后改变企业生产决策，使企业扩大低碳能源的生产，减少高碳能源生产，以改变整个市场供给结构。

第二节 消费端财税政策作用机理

此时涉及的主体有企业、政府和个人。假设此时的主体是能源消费企业和个人，能源消费企业进行生产性消费，其决策在于是否消费化石能源，而个人则选择对其生产出的高碳产品或者低碳产品进行消费。[①]对于能源消费的企业来说，如果消费传统化石能源，若按照之前对传统化石能源进行征税，假设税负转嫁率为α，传统化石能源总价格为 $P_1 = C_1 + R + \alpha T$，可再生能源的总价格为 $P_2 = C_2 + R - W$，消费可再生能源具有真正的外部性，其外部性带来的收益为 I_4；化石能源消费企业的产量为 Y，单位定价为 P，总生产成本为 $P_1 + C_2$（C_2 是企业在生产出产品的过程中除原材料之外的成本），此时其经济利润为 $PY - (P_1 + C_2)$；如果企业消费高碳能源，其产量假设不变，仍为 Y，但是采用高碳改造技术，投入节能减排新设备，改革技术所投入的成本为 C_3，此时的利润为 $YP - (P_1 + C_3)$；如果企业消费低碳能源（主要指可再生能源等无碳能源），其产量为 Y，后续采用可再生能源设备和技术进行生产，其投入的成本为 C_4，此时的利润为 $YP - (P_2 + C_4)$，后两者情况归结为一种：企业主动进行碳减排。

---

① 魏利敏. 促进我国低碳经济发展的财税政策研究[D]. 太原：山西财经大学，2019：15-16.

一、政府不干预

在消费端,政府不进行干预时,有以下两种情况。

(一)生产端调节有限

调节作用有限使得传统化石能源的定价依然小于低碳能源,即 $P_1 < P_2$,且采用传统技术水平低的老旧设备成本要远低于采用节能减排新技术和无碳替代技术的成本,此时 $PY - (P_1 + C_2) > YP - (P_1 + C_3)$,$PY - (P_1 + C_2) > YP - (P_2 + C_4)$,此时的均衡策略是企业都依旧会消费化石能源,因为此时获得的效用最大,如果有一方主动消费低碳能源,另一方会获得比之前更高的收益,所以此时企业都不会去消费低碳能源或者进行节能减排。

(二)生产端调节有效

即传统化石能源的定价大于低碳能源,此时企业是否进行碳减排的决定因素是使用高碳改造和无碳替代的成本高低,如果 $(P_1 + C_3) < (P_1 + C_2)$,或者 $(P_2 + C_4) < (P_1 + C_2)$,或者 $(P_2 + C_4) > (P_1 + C_2)$,此时企业仍然没有动力去进行碳减排。

二、政府进行补贴和征税

当政府进行干预时,即对消费化石能源的企业征税,税收为 T_2,对实施碳减排的企业进行补贴,用化石能源实施碳减排的企业补贴总数为 W_2,使用低碳能源消费的补贴总数为 W_3,此时当 $YP - (P_1 + C_3) + W_2 > YP - (P_1 + P_2) - T_2 + I_4$,$YP - (P_2 + C_4) + W_3 > YP - (P_1 + P_2) - T_2 + I_4$,该博弈的最优策略均衡为 $[YP - (P1 + C_3) + W_2/YP - (P_2 + C_4) + W_3, YP - (P_1 + C_3) + W_2/YP - (P_2 + C_4) + W_3]$,即企业都会主动地去实施碳减排。

对于实际操作中来说,补贴的方式有多种,一种是直接给予企业投资或者购买新设备补贴;一种是对企业研发新技术的补贴,有上游补贴和下游补贴等多种形式。而对于税收来说,一种是对企业生产出的商品进行征税,一种是对企业最后的利润进行征税,如企业所得税;但是总体来说都是通过影响企业的生产成本从而影响企业的产品价格,最后再传导至消费者上面,以消费者的购买拉动整个低碳产品市场的繁荣。

同时，通过以上分析也可以看出，企业以及消费者每一环节的决策都受到其上一环节的影响，在目前低碳经济不具备市场化的情况下，政府在生产端和消费端进行干预的目的就是使更多的企业进行低碳能源生产和消费，而生产端的政策调节效果也会影响消费端的政策抉择。如果生产端的调节作用很小，即政策基本不会对生产端企业决策做出影响，那么在消费端政府如果想影响企业决策，就必须征收更多的税收，提供更多的补贴，相应的干预力度必须加大；而如果生产端的调节作用较大的话，企业在进行能源消费时就会受到其影响，此时在消费端只要付出较少的成本便可以取得效果。所以生产端和消费端的政策是互相影响的，政府对低碳经济发展进行干预的目的是使低碳经济的未来收益提前，缩短低碳收益的见效时间，从而逐渐过渡到市场化的低碳行为，使企业能够在政府不干预的情况下也能主动选择低碳生产和消费。

最后，机理分析也为政策制定提供了相应参考，即政府补贴和征税的数额不是固定不变的，而是由能源定价、产品定价以及企业成本决定，当碳减排的成本降低时，补贴数额下降也可以达到同样的激励效果，此时如果还保持高额的补贴，势必会加大政府的财政负担，也不利于能源价格市场化，不利于低碳经济的市场化发展，造成企业过度依赖政府财政，因此政策的灵活性也至关重要。

第三节 政府端财税政策作用机理

政府采购相较个人消费来说，具有数量大、数额高的特点，所以对于整个市场的作用不可小觑，而采购政策是政府借助政府采购需求的"杠杆"作用，通过集中采购，从而可以支持特定产品或者特定产业发展，对于目前整体不具有竞争优势的低碳产品来说政府采购可以起到保护其发展、促进相关企业创新的作用。具体来说，政府采购可以使需求曲线发生右移，从而影响整个市场的均衡。

一、政府财税政策和高技术企业创新、增长研究

政府财税政策对企业创新的有效性往往通过对额外的创新投入或者创新产出的影响来进行评估。政府财税政策能促进企业的研发投入从而增强企业的绩效,但由于各国学者的研究方法、变量选择、样本大小、数据来源等不同,政府财政支持对企业创新的实证研究结论尚未统一。即政府支持可能对企业的研发投入产生激励效应,从而促进企业的创新和增长;也有可能"挤出"企业自身的研发投入。就政府财税政策激励效应的中国经验研究而言,政府的财税支持与企业技术创新之间的关系还存在争议。白俊红[1]等认为企业的投资效率高于政府,而政府的研发支持会挤出企业自身的研发投入,从而不利于企业技术效率的提高。肖文和林高榜[2]实证研究了政府财税支持对国内36个工业行业技术创新效率的影响,结果发现政府追求创新的远期收益与企业注重短期收益的研发导向形成了较大冲突,使得政府支持对企业技术创新效率的作用并不显著甚至为负。此外,政府财税政策对企业研发和创新的影响也会因为资助方式、企业类型等不同而表现出差异。如马鑫子[3]的研究表明,政府不同财政激励手段会对企业的创新绩效产生不同的影响,专项贷款和减免税能有效提高企业的创新绩效,直接拨款不仅不能提高企业的创新绩效,甚至有时候会对企业的创新绩效产生负面影响。李培楠[4]等对现在技术开发阶段,政府支持对高技术产业创新绩效具有负向影响;在成果转化阶段,政府支持对高技术产业创新绩效具有"正U型"关系。

已有研究为我们正确认识政府财税政策对企业创新产出和增长的影响提供了一定的思路和视角。首先政府对企业的财税政策大致可分为两类:①一类是直接向企业提供创新活动所需的资金;②另一类是通

---

[1] 白俊红,戴玮.财政分权对地方政府科技投入的影响[J].统计研究,2017,34(03):97-106.
[2] 肖文,林高榜著.跨国公司R&D国际化与中国自主创新[M].杭州:浙江大学出版社,2011:75-76.
[3] 马鑫子.政府研发补贴对企业创新质量的影响研究[D].沈阳:辽宁大学,2022:22-23.
[4] 李培楠,张苏雁.面向科技强国的科技评价制度需要科技体制的结构性变革[J].中国科学院院刊,2019,34(05):552-559.

过税收减免政策等间接的方式鼓励企业进行创新。本书在以往的研究和现有数据的基础上,将政府的财税政策分为直接资金资助和间接减免税两种形式。其次,本书将企业的技术创新活动划分为"市场化导向"和"非市场化导向"两种类型,以期更好地研究政府财税政策对高技术企业创新和增长的影响。相较减免税政策,直接资金资助具有更明确的政府意愿特色。而政府作为宏观经济的调控者,更注重对未来领先技术的投资,所以获得政府直接资金资助的研发项目大多具有"远期"的战略价值或者经济价值。因此,短期内企业从政府直接资金资助中获取的经济收益将十分有限,也就是说政府的直接资金资助更能促进企业从事非市场化导向的创新活动,对市场化导向的创新活动作用较弱。反之,政府的减免税政策本身所固有的随意性和不稳定性会导致企业的研发导向更加注重短期收益,即减免税政策更能促进企业从事市场化导向的创新活动。

二、企业年龄的调节作用

刚进入某一市场的企业R&D投入强度较产业内其他企业更大,这是因为在激烈的市场竞争中,新创企业会更加注重研发和创新以获得生存和发展的空间,且组织惰性理论认为,组织内普遍存在保持既定行为方式和消极应对环境变化的倾向。对于年龄较长的企业来说,组织惰性带来的缺乏创新动力、决策倾向于保守等表现更为明显。新创企业由于较少受到已有客户资源和组织惯性的束缚,更容易发现新的市场和技术机会,从事突破性的创新活动。Balasubramanian和Lee[1]利用Com-pustat的企业数据验证了企业年龄和创新质量之间的负相关关系。但是新创企业由于缺乏资金、技术和人才等的限制,其自主创新活动将面临较大风险。政府的财税政策支持,尤其是直接资金资助,不仅能为新创企业提供较好的财务支持,还能提高新创企业的外部合法性,有利于新创企业拓展外部关系,获取更多资源渠道,从而有效提高新创企业的创新绩效。而由于减免税的间接性,新创企业难以从减免税政策中感受到研发激励,因此相较年长企业,新创企业较少愿意将减免税

---

[1] Balasubramanian N, Lee J.firm age and innovation[J].Industrial and Corporate Change,2008,17(5):1019-1047.

中获得的优惠投入研发中。

三、企业规模的调节作用

规模对于企业的创新绩效向来具有显著的正向作用。首先,研发活动需要人才、技术的持续支撑,而规模较大的企业在人才储备、技术基础等方面都具有优势,因此规模较大的企业会比小企业具有更强的创新动力和创新能力,也更能从政府支持中获得更多的创新产出。其次,高技术创新的复杂性和风险性使得企业无法在孤立状态下从事创新活动,它们需要利用从外部获取的知识来完成自身知识创造的过程。以往的研究也表明,在探索式创新阶段,企业倾向与行业外的企业、组织或者机构合作,以保持对本行业竞争者的技术优势;而在利用式创新阶段,企业会通过加入大企业的生产者—消费者的关系或者与其他企业的战略联盟的方式实现价值创造。因此在企业的创新阶段,企业规模越大,企业的合作网络越广泛,企业所能获得的外部创新资源也就越多,企业利用政府财税支持获得的创新产出也就更多。最后,规模较大的企业在学习和整合利用方面能力更强,因此能从吸收的资源中获得更多的创新产出。①

---

① 庞兰心,官建成. 政府财税政策对高技术企业创新和增长的影响[J]. 科学学研究,2018,36(12):2259-2269.

第五章 促进经济发展方式转变的财税政策研究

第一节 转变经济发展方式的理论分析

一、转变经济发展方式的含义

（一）转变经济发展方式的内涵与界定

1.转变经济发展方式的内涵

实现工业化是我国现代化进程中艰巨的历史性任务。工业化是21世纪前20年我国经济发展的主要任务。不同于20世纪60年代西方国家发展工业化时期，我国是在现代化程度非常高的21世纪要实现工业化，不能简单模仿其他国家，走传统工业化的道路，而是应该走中国特色新型工业化的道路，以信息化带动工业化，形成以高新技术产业为先导、基础产业和制造业为支撑、服务业全面发展的产业结构。这需要我们处理好工业发展与农业发展、城市发展与农村发展的关系。另外，从世界范围来看，发达国家在实现工业化特别是在快速发展的时期，大多数是以消耗能源、牺牲环境为代价，可以说是"先发展、后治理"。因此，我国在实现工业化的过程中比较强调生态建设与环境保护，要处理经济发展特别是工业增长与人口、资源、环境之间的关系，走可持续发展的工业化道路。

1997年以后，我国实施的是积极的财政政策，目的是扩大内需以促进经济增长。[1]从实施效果来看，这一时期实施的积极的财政政策的确促进了我国固定资产投资的高速增长，进而拉动了经济的增长。然而，

---

[1]董雪.我国税收政策对经济增长的影响效应及其传导机制研究[D].长春:吉林大学,2021:104-105.

我国消费需求却没有随同投资增长和经济增长一同增长,特别是消费需求中的居民消费需增长速度十分缓慢。可见这些年来,我国经济的增长都是依赖于投资的增长拉动,所谓的积极的财政政策扩大"内需",实际上只是扩大了内需中的投资需求,而忽略了消费需求。这就造成了我国投资需求的增长率与消费需求的增长率差距逐年增加,在国民收入中,投资率越来越高,而消费率越来越低,消费需求的不足,特别是居民消费需求不足是限制我国经济持续稳定发展的重要原因之一。

另外,一个国家或者地区要想保持较高的经济增长速度,必须依赖于新技术、新工艺,不仅要提高经济总量,更要提高人均收入水平,这就要求其必须要发展科学技术,在科技创新上占有领先位置。而教育的发展和人力资本的发展又是科学技术发展的基础和前提。对于发展中国家来说,要快速发展经济,比引进技术更重要的是发展教育和人力资本。因此,我国要发展经济,不仅需要引进国外先进的设备、技术和管理经验,更要大力发展人力资本。

科学发展观是我国经济社会发展的重要指导方针,科学发展观是"坚持以人为本,树立全面、协调、可持续的发展观,促进经济社会和人的全面发展,按照统筹城乡发展、统筹区域发展、统筹经济社会发展、统筹人与自然和谐发展、统筹国内发展和对外开放的要求"[1]推进各项事业的改革和发展的一种方法论。而落实科学发展观的一项重要内容就是转变经济发展方式,所以要更好地贯彻落实科学发展观全面、协调、可持续发展的要求,加快经济发展的转变,首先应该全面转变我国的经济发展方式。

而从资源配置方式的角度来看,经济发展方式的内涵与资源配置方式的内涵具有一定的统一性,资源利用效率的提高要求科学技术的进步,而资源配置效率的提高则要求经济结构的调整和优化。经济发展方式内涵与资源配置方式内涵两者的一致性,决定了经济发展方式转变的关键在于,通过改革完善社会主义市场经济制度以发挥市场在资源配置中的重要作用,改善经济发展方式转变的制度环境,构造经济

---

[1] 刘文治. 坚持以人为本,树立全面、协调、可持续发展[J]. 中国新技术新产品,2010(23):253.

发展方式转变的微观基础,建立促进经济发展方式的体制机制来加快经济发展方式的转变,推动经济更好更快地发展。

2.经济发展内涵的界定

转变经济发展方式必然要求相应的经济结构调整方法与路径的选择。现代经济学(包括发展经济学)的文献中,许多研究者在研究经济发展问题时所涉及的大都是经济发展模式(Model of Economic Development)或经济发展形式(Pattern of Economic Development)问题。从其研究内容来看,发展经济学所研究的经济发展模式与经济发展方式在很大程度上都存在着共同的研究内容,即经济发展中资源的利用效率和资源的配置效率问题。

经济发展,在科学发展观所提出的经济发展、社会发展、人与自然和谐发展和人自身的全面发展的"四位一体"的发展体系中处于十分核心的位置。科学发展观所要求的经济发展,主要是依靠优化结构和提高效率来实现经济发展。即从科学发展观的角度,经济的发展包括依靠经济结构的调整实现结构的优化和依靠科技进步提高生产要素的利用效率两方面内容。从经济学资源配置的角度来看,经济增长方式转变关系到资源的利用效率提高,而经济结构优化则关系到资源的配置效率改善。

从我国经济发展的历史过程来看,经济发展同时伴随着社会经济制度的转型,发展与转型相生相伴,这一事实决定了在社会经济制度转型的不同时期,所选择的经济发展战略的经济理论依据及发展战略指导思想是完全不同的。对于中国经济发展方式的考察,必须置于经济转型的大背景下来展开,或者说,经济发展方式问题事实上是转型经济中的经济发展方式。所谓转型经济的发展方式是指社会从一种经济制度转变为另一种经济制度过程中经济发展方式的问题。

(二)转变经济发展方式与转变经济增长方式的区别

转变经济发展方式,是转变经济增长方式的深化,是我国建设有中国特色社会主义道路上的科学选择和战略转变。

经济发展与经济增长是既有联系又有区别的重要经济学概念。在经济理论范畴中,经济增长一般是指经济活动单纯的数量增加,包括一个国家或地区生产的产品与劳务总量的增加,而国家或地区的产量总水平一般用国民生产总值(GNP)或国内生产总值(GDP)来反映,而国民生产总值和国内生产总值更多地是体现一个国家或者地区的经济活动中商品和劳务的产出数量变化;而经济发展则不仅要求一个国家或地区社会经济总量的增加,同时还要求社会经济结构的改善、社会财富质量的提升,即经济结构的改善、投入产出效率的增加、生态平衡的保持、人民生活水平的提高等,更加强化了经济发展的可持续性和共享发展成果的重要性。相比之下,经济发展是在经济增长的基础上,经济发展不仅包括经济增长的内容,还包括经济结构和社会结构的改善、人民群众物质和文化生活水平的不断提高、环境的改善等等。所以,经济发展比经济增长具有更加广泛和深刻的含义。

从两者的联系来看,首先,经济增长是经济发展的主体或核心,是经济发展的必要条件,离开经济数量增加而谈经济结构优化是不可能的。经济发展是在经济增长基础上,一个国家经济与社会结构现代化演进过程,由追求经济数量的提升发展为追求经济质量提升。经济发展是在经济增长基础上一个国家或地区的人口素质、生活质量、生活方式不断提高和文明化的过程,既着眼于经济规模在数量上的扩大,又着重于经济活动效率改进的一个长期、动态的进化过程。因此,可以说没有经济增长就不会有经济发展。另外,经济发展是经济增长的目标,但经济增长并非经济发展的充分条件,经济增长不一定会带来经济发展,在一些国家就出现过有增长而无发展的经济增长。

同样道理,经济增长与经济发展的联系在一定程度上大致也适用于经济增长方式与经济发展方式两者间的联系。

"经济发展方式"是指实现经济发展的方法、手段和模式。经济发展方式既包括经济增长方式的内容,还包括产业结构、收入分配、居民生活以及城乡结构、区域结构、资源利用、生态环境等方面的内容。"经济增长方式",一般是指通过生产要素变化包括数量增加、结构变化、质量改善等,实现经济增长的方法和模式。《现代经济辞典》给出的定义是:"生产要素的分配、投入、组合和使用的方式。"或者说,凡是有助于驱动经济增长的要素组合,均可以称之为经济增长的一种方式。现实生活中的经济增长方式组合类型是复杂的,多种多样的。

经济发展方式与经济增长方式之间是一脉相承的、递进的,并非简单的对后者的替代,而是以后者为核心,从更广阔的视野寻求通过提高经济发展质量来实现发展目标的途径。因此,深刻理解"经济发展方式"必须先理解经济发展的观念和实践如何从重视"经济增长"转变到重视"经济发展"的演进历程,同时要理解"经济发展方式",还要以深化领悟"经济增长方式"为逻辑起点。

1.经济增长与经济发展:历史演进的视角

20世纪40年代末到60年代初,人们对于发展的认识仍然停留在经济层面,认为经济发展与经济增长的区别仅仅是发达国家和落后国家的区别,在内涵上是一致的。造成人们对于经济发展与经济增长认识上的片面性主要是因为二战过后,各个国家和地区急需恢复或者发展经济。一些西方学者在分析欠发达国家的贫穷问题时,认为欠发达国家之所以贫穷是因为"经济馅饼做得不够大,现在的关键是把蛋糕做得大些。"[1]此时,"发展"意味着一个原来或多或少长期处于停滞状态的国民经济,具有能够产生和支持每年5%到7%的国民生产总值增长率的能力;经济发展问题实质上就是通过增加人均产出来提高国民收入水平,使每一个人都能消费得更多。

基于对经济发展的片面认识,人们在发展经济的时候会将更多的关注点放在经济的人均增长数量上,更有甚者会将人均国民收入水平作为衡量经济发展水平高低的主要标准。这一时期的经济发展理论把人均国民生产总值增长率的提高归因于四大因素:资本积累、新资源开发、技术进步和人口增长,其中被认为最重要的因素首推资本积累。然而,在这种发展观指导下,尽管欠发达国家依靠大规模投资和工业化使人均国民生产总值增长率不断上升,但与此同时,失业人数和贫困人口的数量却一直增加,并出现过度城市化、社会政治动荡、分配不均、社会腐败、生态危机等一系列新问题。墨西哥就是一例,这种发展现象促使人们对注重单纯经济增长的发展观产生了怀疑。

20世纪60年代中期,在发展文献中,对发展含义的解释出现了明

---

[1] 石中英,张夏青.当代国外发展理论述评[J].学术界,2008(03):273-279.

显的变化,把增长与发展这两个概念明确地区分开来,认为增长是指人均产品量的增加,通常以人均国民生产总值(人均GNP)的增长率来表示。发展既包含了人均产出的增加,也包括一个社会经济结构的变化和人民生活质量的改善,即发展=经济增长+结构转变。此后,关于经济增长与经济发展之间的这一差别得到学术界较广泛的认同,许多学者把关注的重点放在了与经济增长相伴随的结构调整所应包含的范围及如何以结构调整推动经济持续增长方面。

从经济发展的历史演进过程看,人们对"经济增长"与"经济发展"相区别是基于对一些欠发达国家所出现的"有增长无发展"状况的观察与思考。把经济发展与经济增长加以区分,认为发展=经济增长+结构转变,拓展了发展观的研究视野。这启示我们,决不能把完成经济增长指标简单地等同于实现了经济发展。当然,为了谋求经济发展,必须首先启动经济增长,并保持经济稳定增长的势头。

2.由"增长"到"发展"的逻辑递进与理论创新

之所以需要转变经济发展方式,是因为长期以来我国经济粗放型的增长方式无法得到改善,经济发展中的一些老问题更加突出,同时一些新的问题频频出现,例如居民收入差距过大、国际贸易顺差过大与国际收支盈余过多、城乡不平衡进一步加剧、生态环境急剧恶化等新问题。这些存在的问题,并不能单靠转变经济增长方式解决,必须拓展到转变经济发展方式的框架下去寻找对策。

从内容上看,转变经济发展方式涵盖了转变经济增长方式的核心内容——由主要依靠增加物质资源消耗向主要依靠科技进步、劳动者素质提高、管理创新转变;同时,转变经济发展方式又以经济增长方式为主题,把转变经济增长方式的视野从单一要素结构投入变化拓展到从需求结构、产业结构和要素投入结构变化三条主线,从而有利于直奔成因,从本源上推动经济增长转变。转变经济发展方式在每一个方向上的拓展,都是基于解决改革实践中的重大新问题提出的,其理论创新点具有很强的针对性。

促进经济增长由主要依靠投资、出口拉动向依靠消费、投资、出口协调拉动转变,包括内外需求结构、内需中的消费与投资结构在内的整体需求结构的调整方向,是针对近年来我国经济增长过于依赖投资和出口带动问题提出来的,蕴含着立足扩大国内需求,把经济发展根植于国内需求特别是消费需求的新意。促进经济增长由主要依靠第二产业带动向依靠第一、第二、第三产业协同带动转变,代表产业结构调整的基本方向,是针对我国农业基础薄弱、工业大而不强、服务业发展滞后以及三大产业之间比例不合理的问题提出的,富含把调整产业结构作为推动发展的主线,突出农业由弱变壮、工业由大变强和服务业由慢变快的新思路。

促进经济发展由主要依靠增加物质资源消耗向主要依靠科技进步、劳动者素质提高、管理创新转变,代表要素投入结构调整的方向,是针对经济增长过于依赖物质资源投入而技术进步贡献不大问题而提出来的,体现了突出自主创新、要把科技进步和创新能力的提高作为形成新竞争优势基础的新思维。

从理论上看,转变经济发展方式,重心还在于解决经济增长问题。但是,它也并不是就增长问题解决增长问题,而是从发展经济学"经济发展=结构调整+经济增长"的研究思路和从重点关注"经济增长"到高度重视"经济发展"转变的一般趋势,注重从更广阔的视野强调结构的优化与升级、在结构优化与升级的内涵体系上下功夫,使之成为推动整体经济增长的重要抓手。这个理论创新的思路既符合发展经济学的研究规范,也有利于解决我国当前经济社会发展中存在的突出问题。

二、转变经济发展方式的意义

(一)我国经济发展的外部环境和内在条件的变化

改革开放以来,我国经济实现了长足发展。十一届三中全会以后,刚刚复苏的中国经济,必然强调国民生产总值,追求经济的快速增长。我国国内生产总值年均增长速度维持在较高的水平,然而,这种快速增长不可能无限期地延伸下去,是否能够维持这种连续的、快速的发展是各方面关注的问题。我国经济回升的基础还不牢固,经济运行中的新、老矛盾和问题相互交织,后国际金融危机时期的国际经济环境发生重大变化,这使得我国转变经济发展方式面临新的挑战。

1. 资源、环境问题压力大

低碳经济正在催生新产业成长和结构性变革。目前,全球关注的资源、环境问题,已经迫使我国必须重新审视原有的低成本的经济发展模式。

纵观世界各个发达经济体,各国在推进工业化进程中,其发展初期往往技术水平偏低,更多的是依靠资源投入来提高产量,促进经济增长。我国的经济发展也不例外。长期以来,我国经济发展一直走低成本、低价格的路线,然而现在低成本的经济发展模式已经难以为继。低成本模式把资源、环境、劳动力的成本压到了不能再低的程度,并没有反映这些生产要素的稀缺程度和真实社会成本,致使资源、环境承受着巨大压力,不堪重负;传统经济增长方式的资源配置的不合理,使得我国资源,特别是一些稀缺资源被低效率的耗费。经济发展与人民生活水平的提高,毫无例外都需要充足的资源作为支撑,然而随着全球经济快速增长,各种资源由于其稀缺性,价格不断提升。与全球平均水平相比,中国是人均资源稀缺的国家。在经济发展水平较低时,人均消耗资源也比较少,因此资源的贫乏对经济发展的制约作用并不明显。然而在经济迅速发展的今天,人民生活水平快速提升,基础设施大规模建设,都需要消耗大量的资源。并且我国在国际分工中"世界工厂"的地位,意味着我国必须耗用原本就极其有限的资源,为世界其他国家提供制造品,这无疑加剧了我国经济发展受到的资源的约束。我国经济发展受到资源的约束体现在近些年来我国进口石油、铁矿石数量的增加。如何确保我国经济发展所必需的各种能源、资源的充足供应,是我国所面临的重要挑战之一。

另外,由于我国对于能源的利用效率较低,并且工业污染和居民生活污染严重,使我国所面临的环境压力日益增强。在推进工业化的过程中,环境破坏日益严重。据有关方面报告,我国主要污染物排放量已超过环境自净能力。目前,减缓全球气候变暖,发展低碳经济也是全世界的热点问题。短期看来,节能减排会给现有的生产生活带来较大的影响,特别是对于企业来说,无疑会增加其生产成本,能否应对这种节能减排所带来的冲击,无论是对企业还是整个社会都是一个重大的考验。但是从长期来看,探索低碳发展之路不仅符合世界能源"低碳化"的发展趋势,也与我国转变经济发展方式和实现可持续发展具有一定的统一性。可以说,节能减排、发展低碳经济,不仅仅是关系中国切身利益的重大政策目标,也是我国政府对于国际社会的承诺。从根本上说,减缓全球气候变暖,取决于人类现在所采取的行动,需要人类改变目前的生产和消费方式,与此同时,发展低碳经济还需要相当的额外成本和大规模采用低碳相关技术,对于我国这样高速发展的人口大国,当前的全球减排必然会成为我国现代化进程中重要的外部约束条件。

2.收入分配状况急需改善

近些年来,我国的收入分配问题已成为政策关注的重点,我国的收入分配问题包括国民收入分配状况和居民内部收入分配不均两方面问题。国民收入分配,指一个国家或地区在一定时期内经济活动成果在企业、居民和政府之间的分配。改革开放后,促进消费以及扩大内需一直是我国发展的重点,但近些年,我国的消费占国内生产总值的比重呈现下降趋势,尤其是居民消费占国内生产总值比重的下降尤为明显。理论上,如果初次分配中,居民收入所占比重较低时,可以通过再分配得以调整;在再分配过程中,政府部门通过税费取得财政收入,再经过转移支付,将收入转移至居民部门。然而现实中,再分配过程调节收入分配的作用却不尽人意,特别是近些年通过再分配调节来增加居民收入的作用持续减弱。这使得居民最终可支配收入在再次分配时无法得到公平分配,居民可支配收入持续下降,进而导致居民消费能力的不足,造成居民消费水平不断下降。相反,企业和政府可支配收入份额则伴随居民部门可支配收入的降低而上升,进而带动企业部门储蓄和政府部门储蓄率的不断上升。国民储蓄率不断攀高,奠定了我国高储蓄、高投资、高度依赖出口拉动经济发展模式。然而我国的经济发展模式高度依赖外需和投资,处于严重失衡状态,风险巨大,倘若外需有风吹草动,将导致自发投资大幅下降,二者同时作用将致使经济低迷。同时,高投资、高度依赖出口拉动还十分不利于实现经济发展的根本目的——提高全民福利水平。

3.劳动力供给问题

近年来一些地区陆续发生"民工荒",这也是劳动力市场对现有我国经济发展模式的反应,我国目前劳动力供给问题主要体现在两个方面,一是人口老龄化进程加快,二是劳动力供给失衡。一方面我国人口老龄化进程加快。人口老龄化是指一个国家或地区的人口年龄分布趋向于老龄,例如平均年龄上升、少年儿童人口占比的下降或者老年人口占比的上升,都体现了人口老龄化程度的加深。随着经济和社会发展水平的不断提高,我国人口的预期寿命不断延长,而出生率却呈现持续下降趋势;另一方面,我国的劳动力供给条件发生变化。低端劳动力市场供给逐渐吃紧,大中专毕业生供给数量大幅增加,而的产业部门的调整尚未跟上劳动力供给结构的变化,显示产业结构调整的迫切性。如何加快经济结构转型,增强大中专毕业生的国际竞争力,将是一个亟待解决的问题。

4.投资效率低

我国经济发展面临的另一个重大问题就是投资效率的持续下降。这主要是因为我国长期以来以政府为主体的投资制度。这种制度的产生是当时的经济环境决定的,曾经促进了我国建立起完整的工业体系和国民经济体系,在经济建设方面做出了巨大贡献。然而,我国经济发展中仍然存在诸多问题,如投资带动性不强、基础设施投资占比过大、重复建设严重、投资效率不高、政府投资带动民间投资不够等。造成这些问题既有体制上的原因,也有现行投资管理的方式、程序、手段不合理等方面的原因。

5.居民消费力不足

居民消费比重低,城乡居民消费不均衡,内外需发展失衡。居民收入是影响居民消费水平的主要因素。长时间以来,我国经济产出分配到居民部分较少,居民收入水平偏低,加之我国社会保障制度不全,存在有钱不敢花现象,以及我国牧民重视储蓄,居民消费结构不合理,家庭消费支出以住房、医疗、教育消费为主,从而造成居民消费水平偏低,长期低收入和低消费造成居民消费带动经济增长单位效率差,不利于经济增长。

6.全球经济再平衡与中国外需增长空间

（1）外需高速增长是中国快速增长的重要基础

从世界经济增长历史来看,英国、美国、德国、日本、韩国陆续成为工业革命后的经济增长明星,纵观这几个国家的发展速度,往往后发的经济体会以更高的平均增长速度发展,而且各国高速增长的时期一般也是其外向经济高速发展的时期,而我国作为新时代的增长明星,也不例外。

我国外需高速增长一方面是因为信息技术和交通技术的发展,使得全球分工和协作体系进一步改变,发达国家的分工更多地是集中在产品的设计和品牌控制上,而发展中国家的分工则更多地是制造,而我国在全球重新分工中依靠自身的优势占据了分工体系中制造一席之地,这是促成我国出口快速增长的一个重要原因,另外发达国家的消费泡沫也为发展中国家出口提供了需求面的重要支撑。

（2）全球经济艰难的再平衡将导致中国外需增长的空间有限

原本促进我国外部需求高速增长的特殊原因正在逐渐地消失,同时,来自印度等其他新兴"世界工厂"的发展中国家的竞争也越来越激烈,我国加工业原本的成本优势也逐渐消失,这些因素都将造成我国外部需求继续快速增长越来越困难。因此,我国的经济增长必然要转为依靠内需拉动,这是"十二五"时期中国经济增长和结构调整的基本背景,也是对于财政货币政策改革和发展提出的挑战和要求。

（二）传统经济增长方式难以为继

改革开放以来,我国经济得到了快速的发展,年平均GDP增长在9个百分点以上,然而这种经济的快速增长是依赖于传统的经济增长方式实现的。这种支撑我国经济快速增长的外部环境和内在条件已经有所变化,如果继续维持原有的发展方式,我国经济增长中原本存在的问题将难以解决,并且还会不断涌现出新的问题和矛盾。所以说,一直以来我国所遵循的传统的经济增长方式已经难以为继。

1.经济增长高度依赖投资和出口,引发流动性过剩和通胀压力加大

拉动经济增长的三驾马车为投资、消费和出口。在过去,拉动中国

经济增长的三驾马车中,投资和出口的贡献率大,而消费的贡献持续下降,这普遍被认为是中国经济不平衡的一个重要方面。改革开放以来,我国居民消费率在20世纪90年代相对稳定,而在2001年以后则开始呈现下降趋势。中国国务院发展研究中心副主任隆国强在首届中国国际消费品博览会期间表示:"我国居民消费率不到40%,明显低于国际上发展水平相近的国家,更低于发达国家。"隆国强认为,消费是我国经济增长的第一拉动力,消博会有利于促进消费产业提质升级,释放超大规模国内市场的需求潜力,以国内市场的循环畅通,吸引国际高端生产要素和高质量商品与服务,推动构建国内国际双循环相互促进的新发展格局。考虑到我国较低的居民消费率,隆国强认为,我国扩大消费需求潜力巨大,而扩大消费需求是一个系统工程。随着居民收入水平的提高,我国消费需求的增长势头强劲,注重数量扩张高于质量提升。对此,隆国强认为,要准确把握我国消费需求升级的质量导向。

而持续的投资增高,不断转化为生产能力和供给能力,使资本形成率不断提高,而最终消费率的下降使最终消费能力相对生产能力不断萎缩,在国内市场难以消化不断扩张的生产和供给能力的情况下,过大的生产和供给能力通过扩大出口来释放,必然会加剧外贸顺差扩大和国际收支不平衡。另外,单纯依靠投资来实现经济的增长,必然会造成投资报酬的边际递减,而大量的出口会消耗我国大量的资源,使我国承受着严重的环境污染问题。所以,仅仅依靠投资和出口拉动经济的发展模式是难以为继的。

2.经济增长高度依赖第二产业,造成产业发展失衡

从国际经验来看,制造业发达的国家往往都具备完善的研发、设计、金融、物流、信息、咨询、营销等生产服务环节,可见,制造业的发展无法脱离生产性服务业的支撑与推动。一直以来,我国制造业发展依赖资源和生产要素的低成本优势,生产性服务业结构层次偏低,这主要是因为我国生产性服务部门的市场化程度偏低、政策环境不健全等原因造成我国制造业低水平扩张,加工组装比重过大,而生产性服务业发展不足,服务业对经济增长的贡献率明显偏低。因此,制造业与服务业必须相互融合、相互支撑,不仅有利于提升制造业竞争力和通过服务创

造价值,提高在国际产业分工体系中的地位,还有利于发挥我国人力资源优势,降低经济增长的资源消耗,减少环境污染。

3.经济增长高度依赖要素投入,导致资源环境压力大

传统的经济发展方式的另一个特征是经济增长对低成本资源和生产要素的依赖程度高,而依靠科技进步和创新带来的经济增长较少。一直以来,为了追求经济的高速发展,我国以资源的高投入高消耗作为代价、依靠较低的要素投入成本获得竞争优势。然而,长期扭曲的生产要素价格越来越难以为继,依靠过低的劳动力成本、土地成本、能源成本和生态环境成本的优势已经越来越弱,面对着我国劳动力供给总量和结构发生的变化,经济发展对资源的需求增加和国际资源价格的提升使得我国资源价格不断攀升,对环境治理和外部成本的"内部化"加大了环境成本,原来依赖"低要素成本"取得经济快速增长时代将一去不复返。

另外,由于较低的要素价格尤其是成品油、水、电、矿产资源等资源性产品价格偏低,使得资源利用效率低、浪费严重,客观上刺激了资源性产业的过度发展,不利于节能降耗。并且这种廉价的要素价格使得许多企业的竞争优势是建立在成本优势上的,而不是技术和创新优势,所以在一定程度上限制了企业的自主创新,使得企业创新动力不足。我国产业技术进步更多地是依靠国外技术的引进,对于科技含量较高的设备和技术多是依赖进口,技术开发也更多地是停留在模仿阶段,科技创新对于经济增长的贡献率十分有限。

可见,对资源和生产要素的过度依赖,会导致资源的浪费和环境的破坏,并且不利于企业的科技进步。最重要的是,这种过度的消耗资源的行为使得资源枯竭、环境污染等问题都已经走向极限,改变这种高度依赖要素投入的经济发展方式已经到了千钧一发的时刻。

(三)转变经济发展方式的必然性分析

从国内来看,我国经济发展中的诸多传统问题始终无法妥善解决。世界各国在工业化发展过程都呈现同一种状态,那就是在发展初期其技术水平是不够发达的,经常需要通过对资源的依赖使产量有所增加。我国也同各国的初期工业时期一样,经济的发展由形成到遵守。随着

改革开放的深入发展,我国从思想、路线到国策等进行了全方面的改革和解放。潜藏在产业结构中的生产力水平被解放出来,万物期待复苏,刚刚兴起的中国与发达国家之间的差距是巨大的,需要通过加快发展来拉近距离,因此非常重视国民生产总值。

十一届三中全会以后,我国提出了解放思想、改革开放,一系列思想、路线、方针、政策的制定与实施,使潜藏在广大人民和产业结构中的生产力焕发出蓬勃的活力。当时中国国内百废待兴,处于崩溃的边缘,与发达国家还有着巨大的差距,可想而知,有了复苏希望的中国经济,必然渴望快速提升自身实力,必然将国民生产总值摆在极高的位置。这种指导思想也取得了可观的成绩,改革开放四十多年,我国经济发展实现腾飞,一跃成为世界第二大经济体,社会发展有了长足进步,居民生活质量有了明显改善,贫困人口大幅减少,社会公平得到进一步体现。然而,我们不能忽视经济发展中的诸多矛盾问题仍亟待解决。国际金融危机可以说对我国各地经济造成了无差别的冲击,这些地区所处的发展阶段、层次、水平都参差不齐,在经济结构、产业结构和城乡结构上也有很大差异,结果却是无一幸免,这反映出我国在经济发展方式这个根本驱动上存在问题。国际金融危机表象上是对经济增长速度的影响,实质上是为传统发展方式敲响了警钟,警示我国经济发展方式急需转变,否则将面临资源枯竭、环境恶化、民生凋敝、发展停滞的严重后果。

从国际来看,国际金融危机的发生同发展方式有着不可分割的密切关系。这次金融危机,引起了几种广泛的冲击:一是对发达国家经济结构虚拟化造成了巨大的影响,二是对新兴市场国家经济增长模式过于粗放造成了深刻的影响;并且既对于过度负债消费和过度依赖资源的消费方式形成了冲击波,也是对于有增长无发展的冲击。对于自己的发展方式问题,许多国家和地区都应该引起充分的重视。在审视的角度上也进行了巨大的转变:即对经济增长方式的审视到了对经济发展方式的审视。现在很多国家和地区都面临着一个尴尬的现象:即"有增长无发展"。造成这种方式的原因是因为我们更多地关注经济增长的生产要素组合和配置等方面的问题,造成了精力分散,以至于对于经济发展问题进行了长期忽略。联合国给出的增长与发展不同现象的表述,这种现象涵盖了四种情况:一是无业的增长始终存在于经济增长中;二是在经济增长的基础上人民的工资和生活水平却没有实质性的提高;三是经济增长是以资源消耗、环境质量负增长为代价来实现的;四是文化教育在经济增长的同时保持着原有状态,没有任何改变和发展。从我国的发展方式上来看,虽然不能直接断定是"有增长无发展"的情况,但是不可否认的是我国经济增长和教育文化的普及程度、资源环境的保护程度、人民生活的综合水平都是不成正比的,经济增长的同时也付出了高昂的代价。

我国经济发展已进入新的阶段,应当更加重视GDP的质量和构成。如果说以前必须重视经济发展速度、重视经济总量,那么,现在就应当更加重视经济发展的质量。因此,我国经济发展方式上所存在的问题是迫切需要改变的。

三、我国转变经济发展方式的主要途径

转变经济发展方式是我国适应全球需求结构重大变化、提高可持续发展能力、促进社会和谐发展必须经历的部分。经济学以当代的观点作为出发点,目的是实现科学发展观的特点及要求,即发展可持续的经济,加快经济发展方式的转变,实现全面协调的发展方式。应主要集中在以下三个方面:一是拉动需求的增长。不仅要拉动国内的消费需求,而且要对投资和出口的需求降低,扩大消费对经济增长的促进能动效果,使经济的增长渐渐远离投资与出口的干扰;二是推进产业结构优化升级,特别是加快发展服务业,促进制造业与服务业的互动发展,提高经济整体素质和国际竞争力;三是以提高自主创新能力为中心环节,大力提高高新技术对经济增长的贡献率,缓解经济增长对资源和环境造成的压力。

(一)调整与优化需求结构,增强消费拉动力

拉动经济增长的主要内容有:投资、消费以及出口三方面。近年来,我国经济的发展受到很多因素的制约和影响,首先是由于收入分配的不均衡日渐突出;其次,随着改革开放,经济的外部环境也在发生着变化,产业分工受到冲击。因此,投资和出口需求在经济增长中所占比

重不断上升,消费需求所占的比重有所下滑,总需求结构发生了剧烈的变化。总需求结构的平衡是经济增长长久发展的必要基础,因此,总需求结构的优化和调整是非常重要的。通过对投资需求、消费需求以及出口需求的转变来协调加快经济发展方式的转变。

对国内需求尤其是对消费的需求,其扩大的方式有四种:一是增强投资对消费的带动能力。扩大消费领域投资,提高投资在扩大就业、拉动产业、带动消费等方面的关联效应,通过投资创造新的消费需求,拉动经济增长;其次,努力将居民收入和消费需求变成经济发展的主要因素,增加劳动者报酬的初次分配率,提升需要提升者的收入,普遍增强居民消费能力,增强居民对消费的信心,以及政府的有效社会功能;三是以城市化带动消费增长,改善农村消费环境,开拓农村市场,调动农民的消费积极性;四是,对投资的增长方式进行控制,投资的方式应以公共基础设施建设为主,并减少投资力度。

与此同时,调节对外贸易的增长,调整国际收支平衡,协调国内需求和国外需求的关系,使国民经济的增长方式更加和谐,推动经济的发展。

(二)调整与优化要素结构和技术结构

在经济发展中供给结构的优劣完全取决于技术结构与要素结构的发展势态。因此,改善经济发展中供给结构和提高经济增长水平要依附于技术与要素结构的优化与调整。纵观国家的经济发展,特别是近年来我国经济发展的进程,虽然市场经济体制已逐步取代了以往的计划经济体系,但在新的经济体系不断完善的过程中,一些影响市场经济体系健全发展的因素还没有完全退出。例如,创新动力的缺失,价格与价值的不对等,先进的生产力及科技的进步与发展行进速度迟缓,直接导致了经济发展过程中的增长速度缓慢,经济的产出与投入的比值低下等等。可见,更有效地促进经济的增长速度,不仅仅要靠扩大对物质资源的消耗以及生产诸要素的投入,经济的增长更离不开科技的进步与创新,"科技是第一生产力"。

在增加人力资本的投入和提高劳动者素质以及管理水平升级的同时,全面改造提升传统产业亦是提高经济增长水平和加快经济发展方式的重要一环。首先,科技的进步与经济的发展是互为作用的结合体,必须要建立以市场经济的发展为导向、以企业为主体的产学研相结合的技术进步体系,鼓励企业用新技术、新工艺、新材料、新设备,从产品开发、工艺流程、市场营销和企业管理等多个环节,全面提升产业层次。其次,建立现代产业体系,在国家着力于经济快速发展的大框架下,孵化一批特色鲜明的、适合中国经济发展的产业集群,各种有效资源的最佳化的利用和产业布局的优化调整,以及最大化地实现自主创新成果的产业化,促进有效科技成果的运用,也是推动经济发展的重要因素。

第二节 财税政策在经济发展方式转变中的作用

一、财政介入经济发展方式转变的理论基础

(一)市场失灵与政府干预

市场失灵理论认为:市场失灵是和市场效率对应的一种状态,市场配置效率是在完全竞争市场的假设下成立的。[1]然而现实经济中,完全竞争市场只是一种理论上的假设,过于苛刻,现实中的市场并没有办法达到假设中所要求的完全竞争市场条件。所以,市场的资源配置功能是存在缺陷的。在一些时候,市场的资源配置作用会因为公共产品、不完全竞争、外部性和信息不对称的存在而受到影响,无法真正达到理想中的帕累托最优,这就是市场失灵。市场失灵在实际中的具体表现形式是多种多样的,主要的形式为市场的垄断、信息的不对称、外部负效应和公共物品、收入分配不公、失业问题、区域经济不协调问题、公共产品供给不足、公共资源的过度使用等。

因为市场失灵的存在,间接地说明了完全依靠市场的力量无法有效地进行资源配置,必须有市场以外的力量参与进来,对市场的力量无法完成的事情进行补充和矫正。这种市场以外的力量实际上就是政府

---

[1] 邓尧.后土地财政时期减支增收财税法律规制研究[D].重庆:西南政法大学,2020:73-75.

干预的力量,即政府干预是弥补市场缺陷较好的选择,这是因为政府可以自主行为,可以有选择性地提供公共产品,特别是一些私人市场无法或者不愿意提供的公共产品,政府可以进行干预,由政府提供或者采取措施刺激私人市场提供。另外,政府可以通过收取"外部成本"来解决外部效应的问题,通过干预再次分配调节社会成员收入不均及社会财富分配不公问题。同时,政府还可以采取各种手段、措施调节社会总供给和总需求的平衡,促进充分就业、物价稳定、国际收支平衡和经济增长目标的实现。所以说,市场失灵的存在,证明了政府应该对市场进行干预。政府干预是弥补市场失灵的必要力量,而财政政策作为政府主要调节经济的手段之一,对促进资源有效配置、推进经济合理健康发展有着不可替代的作用。

(二)凯恩斯主义

产生于20世纪30年代的凯恩斯学派的财政政策思想主要体现在凯恩斯的著作《就业、利息和货币通论》中。在该著作中,凯恩斯主张国家应该对经济进行干预,他反对自由放任的经济模式,认为引起经济衰退的主要原因是社会总需求的减少,自由的市场无法完成有效需求增加这一目标,而政府可以通过加强宏观需求的管理,采取相关政策、手段来刺激有效需求,进而实现经济的发展和就业的增加。

凯恩斯主义主张国家应采取适当的经济政策通过增加需求以刺激经济的增长,维持繁荣。认为市场机制是有缺陷的,无法完全实现充分就业和经济稳定增长。与新古典主义经济学的萨伊法则相对,凯恩斯主义认为仅仅依赖市场,通过利率把储蓄转化为投资和借助工资的变化来调节劳动供求,并不能自动地创造出充分就业所需要的那种有效需求水平,久而久之,必然会造成失业增加、引发通货膨胀,进而引起经济的周期性波动。

因此,政府发挥作用,对市场进行干预,改变原来的自由政策为对经济进行调控,目的是保证足够的有效需求,进而促进就业的增加和经济的持续、稳定发展。凯恩斯主义特别强调财政政策的作用。他们以调节社会总需求、实现经济稳定增长为目标,提出在萧条时期要减低税率、增加政府开支实行赤字预算、增发公债、增加货币供应量、降低利率等以刺激投资和消费;在高涨时期则提高税率、控制政府开支、控制货币供应量增长、提高利率等,以遏制投资和消费。凯恩斯主义为财政政策介入经济发展方式转变提供了理论基础。

(三)财政政策的乘数效应

财政政策的乘数衡量的是财政支出和税收影响国民产出的程度,包括正反两个方面。当政府投资或公共支出扩大、税收减少时,对国民收入有加倍扩大的作用,从而产生宏观经济的扩张效应。当政府投资或公共支出削减、税收增加时,对国民收入有加倍收缩的作用,从而产生宏观经济的紧缩效应。财政政策的乘数包括政府支出乘数、税收乘数和平衡预算乘数。

政府支出乘数,是指政府投资或政府公共支出变动引起的社会总需求变动对国民收入增加或减少的影响程度。一个部门或企业的投资支出会转化为其他部门的收入,这个部门把得到的收入在扣除储蓄后用于消费或投资,又会转化为另外一个部门的收入。如此循环下去,就会导致国民收入以投资或支出的倍数递增。以上道理同样适用于投资的减少。投资的减少将导致国民收入以投资的倍数递减。公共支出乘数的作用原理与投资乘数相同。政府支出乘数为正数。

税收乘数,指税收的增加或减少所引起的国民收入增加或减少的程度。由于增加了税收,消费和投资需求就会下降。一个部门收入的下降又会引起另一个部门收入的下降,如此循环下去,国民收入就会以税收增加的倍数下降,这时税收乘数为负值。相反,由于减少了税收,使私人消费和投资增加,从而通过乘数影响国民收入增加更多,这时税收乘数为正值。一般来说税收乘数小于投资乘数和政府公共支出乘数。

平衡预算乘数,是指当政府支出和税收等量变动而引起的国民收入变动的倍数,表示为政府支出乘数与税收乘数之和。

(四)财政政策的挤出效应

财政政策的挤出效应是指政府支出的增加(或赤字支出)导致私人投资和支出减少。即当政府实行扩张性财政政策时,政府支出增加引起利率上升和借贷资金需求上的竞争,进而所引起的私人消费或投资降低的效果。具体来说,在IS-LM模型中,均衡国民收入是由产品市场和资本市场共同决定的,政府的财政支出增加使国民收入增加,在货币供应量不变的条件下,收入的增加导致货币需求的增加和利率的上升,利率上升导致私人投资下降以及收入下降,就是说,政府"挤占"了私人投资和消费,这就是挤出效应。

从我国实际情况来看,虽然利率仍未市场化,但自20世纪90年代以来,随着我国金融体制改革的不断深化,利率市场化进程不断推进,目前在同业拆借市场、债券市场以及其他有价证券市场的利率已经市场化,这样随着股票、企业债券、金融债券等有价证券发行量的不断增加肯定会影响到同业拆借市场和其他有价证券市场的利率水平,影响到私人的投资成本,影响个体经济的投资规模,从而产生挤出效应。

二、财税政策是推动经济发展方式转变的重要工具

转变经济发展方式是实现经济社会迅速平稳可持续发展所面临的重大挑战,要通过政策手段调整,改变或转换经济增长路径与方法,将经济增长从粗放的、扭曲的和不可持续的增长轨道转向集约的、协调的和可持续的增长轨道。对我国来说,转变经济发展方式需要多种主体共同努力,既需要微观主体调整要素配置方式和提高配置效率,也需要政府宏观经济政策协调配合。作为政府配置资源和宏观调控的重要工具,财政政策既是促进经济稳定增长的积极因素,又是推动发展方式转变的重要力量,可以说,是实现经济发展方式转变不可或缺的手段之一。在促进经济发展方式转变过程中,财政政策通过设计不同的政策工具组合,经由特定的路径,实现经济发展方式转变这一政策目标。目前,我国的市场机制不够健全,无法承担起主导经济发展方式转变的重任,因此政府的调控作用就更为重要了。但是,在促进经济发展方式转变过程中,并不是单单依靠财政政策就可以实现的,而是应该将财政政策作为市场的辅助,发挥财政政策的作用,更多地是顺应市场机制和弥补市场失灵,而不能过度进行财政干预。

财政政策与转变经济发展方式也是相互影响、相互制约的。经济发展方式和经济结构是财政政策决策和执行的基础,转变经济发展方式要从需求结构、供给结构、生产要素组合结构调整和生产要素质量提

高等方面进行努力,而这些均离不开在科学界定财政收支范围并与税收政策有机配合基础上的财政收支政策调整。因此,推进财政制度的建设与创新,既是转变经济发展方式的重要内容,也是促进转变经济发展方式的有效手段。财政政策可以通过自身的合理设计和调整完善,经由特定的路径和方式,以经济参数、经济杠杆来重新调度和配置一部分经济利益,起到引导、激励、约束地方政府和企业经济行为的作用,并具有规范性和长效机制的特征。在宏观层面,财政可以通过优化收支结构安排,如直接加大对科技创新、新能源开发和生态补偿等方面的支持力度等,为转变经济发展方式创造外部环境。在微观层面,一般通过财政支出政策手段和税收政策手段,有选择性地实现相应的微观财政政策支持和制约性目标,实现市场经济主体利益的界定和调整,从而定向引导企业行为,尽可能使市场主体自身的经济效益和社会效益相一致。

三、财政影响经济发展方式转变的方式

(一)财政促进经济发展方式转变的传导路径

1.调整国民经济总量的财政政策

从财政政策在调节国民经济总量的不同功能角度,可以将财政政策划分为扩张型财政政策、紧缩型财政政策和中性财政政策。往往是根据具体的经济运行情况而选择具体的财政政策。一般情况下,当经济处于衰退期时会采取扩张性财政政策,扩张性财政政策也被叫作积极的财政政策,经济衰退的典型特征则是体现为社会总需求的不足和失业的增加,政府通过增加财政支出和减少税收等手段,刺激社会总需求的增长,降低失业率,拉动经济增长。相反,在经济过热时期则采取紧缩性财政政策,经济过热的典型表现是社会总需求的膨胀,政府通过减少财政支出、增加税收等手段来抑制总需求、稳定物价,给经济"降温"。介于扩张性财政政策和紧缩性财政政策中间的,还有一种中性财政政策,当经济处于平衡时期,物价相对稳定,经济运行总体保持平稳,一般则实行中性财政政策。中性财政政策更加注重经济结构的优化,在实行中性财政政策时,政府的干预相对较少,而是更加注重市场的调

节作用。不同经济时期,采取适当的财政政策对于经济总量进行调整,目的是促进国民经济平稳运行,防止经济的剧烈波动。

2.调整经济结构的财政政策

在宏观经济中,财政政策可以通过各种政策工具调整、优化经济结构以实现其政策效应,即在财政收入和财政支出一定的条件下,通过调整财政收支的结构,激励和促进经济发展方式的转变。财政通过调整其支出手段,调整经济结构,例如,直接加大对科技创新、新能源的开发和使用等方面的支出力度,并且通过加大和改善公共服务和公共产品的数量和质量,为经济发展方式转变创造良好的外部环境。在市场经济中,财政政策和货币政策是国家进行宏观调控最重要的两大政策工具。一般情况下,财政政策与货币政策二者相互配合使用,并对宏观经济产生作用和影响,以达到宏观调控的目标;同时,财政政策与货币政策从对宏观经济调控的作用分别有侧重点。其中货币政策主要侧重于总量的调节,不适合过多的承担有关经济结构调整的任务;而财政政策除了承担调节经济总量的任务,同时还应该承担起调节经济结构的任务,相对来说,对于经济总量的调节是配合货币政策,对于经济结构的调节则是其核心任务。由此可见,转变经济发展方式中所要求的对诸多结构的调整,财政政策应该是主要承担者。

3.调节微观主体的财政政策

财政政策对微观主体的调节主要是在宏观政策导向下,通过参与公共产品提供和国民收入额分配和再分配来实现的。对于不同的市场微观主体,采取有所区别的财税政策手段已达到调节作用,包括税收优惠、财政补贴、政府采购等手段。例如,财政政策可以利用累进税率和财政补贴等手段来矫正收入差距,通过利益调整作用来影响企业主体的经济行为,对污染收税、耗能收税等限制耗能高和污染重的行业发展产生影响。转变经济发展方式中,可以通过对财政收入和财政支出政策的实施,实现相应的支持和制约性目标。

(二)促进经济发展方式转变的财政政策效应

对于财政政策支持经济发展方式转变的效应分析,主要是解析财政政策在促进经济发展方式转变时所应追求的政策效应。促进经济发展方式转变的财政政策效应主要包括以下三个方面。

第一,转变成本支付的效应。转变经济发展方式的首要任务就是进行经济结构的调整,同时,转变经济发展方式还要求进行产业结构调整、加快自主创新、推进农业发展方式转变。因此,转变经济发展方式隐含着各种调整、转变以及改革的成本。我国由于几十年的粗放型经济运行方式,如果进行发展方式的转变,必然会涉及一系列可能发生的成本,如技术、工艺的改造和升级换代、新技术的研发和利用等等。这些经济发展方式转变的成本和一些其他相关联的改革成本,难以由市场自身消化解决,政府财政可能是这些成本的最适合支付者。另外,转变经济发展方式还要求加快生态文明的建设,防止环境污染和保护生态平衡等都会涉及"外部性"的问题,无论是正的外部性还是负的外部性,都需要政府出面进行引导或者干预,这无疑都是需要由财政支出来解决的转变成本问题。

第二,引导、激励和约束效应。与政府直接支付转变成本相比,政策的引导、激励和约束则带有一定的间接性,但往往更具有规范性和长效机制特征。以调整经济结构和产业结构、加快自主创新和生态文明建设的经济发展方式转变为导向,可以通过特定的财政政策作用方式和工具组合,以经济参数、经济杠杆来重新调度和配置一部分经济利益,起到引导、激励、约束地方政府和企业经济行为的作用。

第三,提供和改进外部配套环境效应。经济社会的平稳、有序、和谐发展,对经济发展方式转变是具有重要意义的配套环境。其中,公共财政所提供的社会公共产品、公共服务的质量和数量,与经济发展方式转变之间有着密切的关系。良好的公共基础设施、完善的社会保障体系、发达的文化教育事业,都是促进经济发展方式转变的基础条件和配套条件。因此,财政在深化改革中,履行公共理财职能,满足社会公共需要,大力促进制度创新,也就是对经济发展方式转变最有效的支持。

(三)明确财政支持经济发展方式转变的主要领域

面对我国目前转型时期的特殊性以及经济发展方式转变的艰巨性,已经明确了仅仅依靠市场的力量是无法完成经济发展方式转变的,必须有政府的介入,财政的力量在推动经济发展方式转变中是必不可少的。但是,值得注意的是并不是说完全的抛弃市场。在促进经济发展方式转变过程中,仅仅依靠财政政策也是无法实现的,而是应该将财政政策作为市场的辅助,发挥财政政策的作用,是为了帮助市场一臂之力,往往是以顺应市场机制和弥补市场失灵的方式来行市场所不为、难为之事,因此需要明确财政在支持经济发展方式转变中的主要领域,而不能过度进行财政干预。明确财政支持经济发展方式转变的主要领域应该结合转变经济发展方式的关键领域和重点环节。运用财政政策工具的不同组合作用于转变经济发展方式所要求的领域当中。

转变经济发展方式过程中,财政政策发挥其职能作用,通过对劳动力、资本、科技创新、环境和资源等要素的影响来弥补市场的缺陷和不足。通过优化财政收支结构、灵活运用财政激励约束手段和科学运用财政转移支付等方式,合理配置财政资源,为经济的可持续发展和社会的和谐稳定提供财力和政策保障。财政支持转变经济发展方式的领域应涵盖以下五点。

第一,支持消费需求适度增长的政策,包括城乡居民消费结构的升级,城镇化快速发展,调整收入分配,提高社会保障水平等。只有调整国民收入结构,调整城乡结构,才能拓展发展空间,为经济持续稳定发展提供长期动力。

第二,支持产业结构调整优化升级的政策,包括促进关键产业和第三产业的倾斜发展等,通过影响各投入要素的成本实现产业升级目标。加快发展新兴产业和大力发展服务业,同时加快农业发展方式的转变,要着力提升制造业核心竞争力,加快发展服务业,促使经济增长向依靠一二三产业协同拉动转变。

第三,支持研究与开发的技术创新政策。着力提高自主创新能力、建设创新型国家,是调整经济结构的中心环节,是增强企业核心竞争力和发展后劲的关键所在,是深入贯彻落实科学发展观的必然要求,也是当前转变经济发展方式的根本出路和突破口。因此,必须把自主创新作为转变经济发展方式的突破口,解决制约我国经济发展的深层次矛盾和问题。

第四,支持节能减排的财政政策,包括限制消耗高、污染多的行业发展。良好的生态环境是经济社会可持续发展的重要条件,也是一个民族生存和发展的重要基础。加快推进生态文明建设,深入实施可持续发展战略,是推动整个社会走上生产发展、生活富裕、生态良好的文明发展道路的重要支撑。加快推进生态文明建设,必须加强资源节约和环境保护力度,完善有利于节约能源资源和保护生态环境的体制机制、产业结构和技术体系。

第五,支持劳动者素质结构优化的公共教育支出政策。要素结构和技术结构的调整是改善供给结构及提高经济效率的重要前提条件。而劳动者的素质结构又是要素结构和技术结构的核心内容,劳动者素质结构优化是财政支持经济发展方式转变不应忽视的领域之一。

(四)财政政策支持经济发展方式转变的方法

结合转变经济发展方式的内在要求以及对于财政促进经济发展方式转变的传导路径、政策效应以及主要作用范围的分析,确立怎样的财政政策支持经济发展方式转变,首先应遵循间接引导与直接激励相结合的原则,还要兼顾鼓励性政策与限制性政策相结合的原则,同时也不能忽略全方位促进与多环节引导相结合的原则,要综合运用财政政策的各项工具,有效地发挥财政预算、财政补助、税收优惠和限制性税收政策等多种财政税收政策工具的杠杆作用,充分发挥财政促进经济资源合理配置的功能和政策效应。

第一,应该建立财政投资引导和财政投入激励协调机制。应该协调联动财政政策的间接引导和直接激励效应。对于财政资金用于支持经济发展的专项资金集中投入到重大项目,特别是关系到经济发展大局的关键项目,应减少直接投入,将部分资金投入可以引导社会投资的领域中,通过财政贴息、税收优惠等手段间接地引导社会资金的投入。寻找财政资金用于直接投入和间接引导的范围区间。

第二,建立鼓励性与限制性相结合的财政机制。特别是创新财政扶持方式,提高扶持资金的使用效率。在各级政府进行财政体制改革的基础上,整合现有存量、尽量优化增量,依据这一原则,整合现有财政资金,尽可能地发挥公共财政资金的扶持和引导作用,同时还要兼顾税收政策的限制和激励作用,使鼓励性政策和限制性政策协调整合发挥最大作用。

第三,注重全方位促进与多环节引导相结合的政策措施,应综合运用财政政策的各项工具,发挥财政政策的导向作用和其他多项政策措施整合作用。这是由转变经济发展方式的自身要求所决定的,转变经济发展方式的政策目标是多元化的,所以财政支持经济发展方式转变的政策目标也应该是多元化的,仅仅依靠单一的政策手段是无法实现的,必须综合运用财政支出、税收等多种政策手段和工具。包括强化基础设施建设投入、优化税制结构、规范税收制度等具体措施及手段的运用。

第三节 需求结构调整的财税政策

一、需求结构基本理论

(一)需求与需求结构

1.社会需求

社会需求,指的是在某一特定时间段里,一个国家或者一个地区在其生产力发展水平下,全社会用于投资和消费的支出所形成的对商品和服务购买力的总和。社会总需求包括两个部分:一是国内需求,指国家内部产生的需求,又称为内需,内需又包括投资需求和消费需求两部分,是指通过投资主体和消费主体支出的货币资金,所形成的对国内的投资与消费。二是国外需求,简称外需,一般指指国家外部产生的需求,也就是对国外的出口,即产品和劳务的输出。

2.需求结构

结构,是指一个整体内在所包含的各个组成部分的搭配和组合。社会需求包括消费需求、投资需求、出口需求三个组成部分,因此需求结构是消费需求、投资需求和出口需求三部分以及内部各个要素的搭配和组合关系。①然而,更进一步来说,形成需求的根本是购买力,因此需求结构实际上也可以理解为是购买力的结构或者组成,即广义货币在各产业中的投入比例。社会需求结构对于一个国家或者地区的产业结构、分配结构、要素结构等均有较深刻的影响,需求结构失衡,产业结构和要素结构不可能合理,必然会导致经济结构的失衡,可以说一个国家或者地区的需求结构合理与否可以反映出国家经济结构和理性程度。影响需求结构的因素是多方面的,包括国家的政策导向、经济结构、社会成员的消费能力和消费偏好等。

(二)需求结构的组成部分

1.消费需求

消费需求是指人们利用社会产品满足各种需要的过程,它是社会再生产过程中的一个重要环节,也是最终环节。消费需求是指,有支付能力的社会集团和全体居民,对以社会商品的消费需要的总和,具体形式包括商品和劳务,表现为居民收入中用于消费的部分和企事业单位资金中用于个人消费和集体消费的部分,以及国家预算内的社会消费。在拉动经济增长的"三驾马车"中,投资需求是经济增长的推动力、出口是经济增长的调节器,唯有消费需求才是经济增长的内生动力。

依据消费主体的不同,可以将消费需求划分为两类:一类是居民消费需求,居民消费需求主要是指居民在衣食住行等方面对商品和劳务的生活消费需要;另一类是政府消费需求,政府消费需求是指政府部门为了满足社会公共需求,而提供公共服务和公共产品的消费需求。

2.投资需求

投资需求是指一个国家或者一个地区,在一段时期内全社会所形成的固定资产投资和存货增加额之和。投资需求的稳定性不及消费需求,相对来说,比消费需求更容易出现较大的波动,并且这种波动会直接影响到社会总需求,使社会总需求也产生剧烈波动。因而可以通过刺激投资需求,进而刺激社会总需求的增加,解决社会总需求不足的问题。

---

①马宁.多维度行业差异化碳税政策的设计和优化研究[D].北京:中国地质大学(北京),2020:63-64.

另外,投资需求与消费需求也会彼此影响,互相作用。当投资需求增加时,就会促进生产的扩大;而扩大生产必然会使得消费品的生产数量增加;消费品数量的增加,则会引起需求曲线的移动,使得消费品的供给大于需求,因而消费品的价格会降低;消费品价格降低,相应地就会再促使需求增加;消费需求的扩大,则引起消费品的供不应求,再一次使供给曲线移动,使消费品价格上升;消费品价格上升,进而会刺激企业扩大生产;当企业原有生产水平无法满足扩大生产的要求时,则投资需求就会进一步扩大。由此可见,投资需求与消费需求在一定程度上是互相促进的关系。

然而投资需求与消费需求各自的侧重点不同。消费需求是最终消费性需求,在再生产过程中起决定性作用,消费需求的扩大可以对生产产生刺激作用,并相应地促进投资需求的增长,从而使总需求增加,往往在经济复苏和繁荣阶段,可以扩大消费需求促进经济平稳、协调发展。而投资需求的主要领域是生产资料市场,目的是扩大生产性需求,是一个中间环节的需求,从属于最终消费需求——消费性需求,如果社会最终消费需求不足,盲目的投资,扩大生产,则容易引起通货膨胀,但是因为投资变动对总需求影响较大,在经济衰退和萧条时期,投资需求的增加是很有利于经济快速复苏的,然而投资需求的这种对于经济拉动作用仅在短期内效果明显,因为长期来看,投资需求的扩大对于消费需求的效果甚微,因而增加投资需求对于社会总需求增长的长期带动作用较小。所以,一个国家或地区的社会投资需求增长速度不宜超过消费需求增长速度太多。

3.出口需求

出口需求是指国家把一部分产品和劳务输出国外,以换取必要的外汇收入。出口结构是指构成出口贸易活动的要素之间的比例关系及其相互联系,具体来说,出口结构包括出口活动主体之间、客体之间以及主体和客体之间的比例关系,具体包括出口商品结构、出口模式结构和出口市场结构等,它是一个国家或地区经济技术发展水平、产业结构状况、商品国际竞争力、在国际分工和国际贸易中的地位等的综合反映。

然而出口商品结构是最能反映一个国家或地区的工农业发展水平、资源状况以及对外贸易政策等方面的指标。出口商品结构指的是一个国家或地区在特定时期,整个贸易总额中各类出口产品所占比重大小。商品出口结构又可进一步分为商品间的出口结构和商品内的出口结构。商品间的出口结构指低级产品与高级产品的出口结构;产品内的出口结构指同一产品内的低端型产品与高端型产品的出口结构。

二、我国需求结构现状及负面影响

我国经济结构的突出表现就是需求结构失衡,根据总需求的构成,对我国需求结构现状的分析,可为四个层次,分别是内部需求与外部需求的结构分析、消费需求与投资需求的结构分析、政府消费需求与居民消费需求的结构分析、城镇居民消费需求结构与农村居民消费需求结构分析。

(一)内部需求与外部需求结构

内部需求与外部需求都是拉动经济增长的力量,但从国际经验看,大国经济主要是由内部需求主导的。从我国的内部需求与外部需求结构关系来看,近些年我国过度重视外需,轻视了内需。

长期以来,在我国诸多刺激出口和鼓励招商引资政策的推动作用之下,我国的对外贸易增长速度非常快,特别是近些年来,无论是出口还是进口,增长速度都十分迅速,远高于近几年的年GDP增长速度。

较高的出口贸易增长速度,尽管对于促进国内经济增长、缓解国内需求压力等方面有一定的积极作用,但与此同时,也带来了一系列的负面效应,给国内经济运行带来了风险与不确定性。一是过度依靠外需拉动经济增长,这使国内经济运行风险加大,因为一旦国际市场有大的波动,必定要波及我国的经济运行,2008年由美国次贷危机引起的全球性金融危机就给我国经济带来十分巨大的影响,由于出口额的急剧减少,造成我国经济增长速度的减缓;二是我国所从事的出口贸易中劳动密集型产品比重过大,尤其以加工出口贸易为主,加工出口贸易是两头在外的低层次加工贸易,往往技术含量低、附加值低、国内采购率低,虽然出口规模大但收益并不高,同时对关联产业的带动作用小,对经济发展的实际贡献率较低;三是快速增长的出口贸易给国内经济运行带来了压力,例如对国内能源、电力及交通等方面都带来了需求压力,致使能源、原材料价格上涨加剧,加上粗放式的外贸增长方式,造成国内资源过度利用、污染严重。

由此可见,过度的依赖外部需求拉动经济,而忽视内部需求对于经济的持续健康发展是十分不利的:从短期来看,依赖外需忽略内需会导致经济的内外失衡;而从长期看,过度依赖外需必然会使得经济发展缺乏后劲。日本、韩国在很长一段时间内都是依靠出口需求来拉动经济,使得其经济得到快速的增长,但是在取得经济增长后的10到20年间又步入了经济发展的困境,随后都是经历了经济改革和经济发展方式的转变才得以走出困境,使得经济继续发展。从我国目前所面临的内部条件和外部环境来看,这种过度依靠出口拉动国内经济增长的模式已经不再符合当前我国经济发展的需要,到了迫切需要改变的时候了,过度重视外需、依赖出口拉动经济增长的风险正在增大,以扩大内需为主,才是我国今后经济发展的主要方向。

(二)消费需求与投资需求结构

投资需求与消费需求是国内需求的组成部分。从投资需求与消费需求之间的关系来看,消费需求是最终需求,投资需求是中间需求,二者之间存在一定程度的关联性,彼此之间相互影响、相互作用。通过增加消费需求带动投资需求的增加,从而促使总需求的增加;而增加投资需求,虽然在近期对总需求的增加作用明显,但因其对消费需求的增加带动作用较小而使总需求增长受到制约。

另外,投资需求虽然在短期内对于经济具有明显的拉动作用,但是投资却是一把双刃剑。一是因为投资的增长速度过快会使得资源供求关系不平衡,造成资源价格机制扭曲,从而降低市场对资源的配置作用,不利于经济的持续发展;二是过大规模和过快的投资增加会引起社会的低消费,进而损害全体居民的福利水平提高;三是过快的投资增长可能会使部分产业快速膨胀,造成产业结构的失衡;四是是在投资增长速度过快的经济发展方式下,往往更加趋于粗放型的经济增长,很难实现科学发展。因此,我国目前经济发展不能忽略投资,但是也不能过度地依赖投资。

从我国近些年来的投资需求和消费需求的关系看,呈现出过度地依赖投资需求,对于消费需求挖掘得不足的趋势。

三、我国需求结构失衡的致因分析

(一)经济发展追求速度而忽略质量

中华人民共和国成立后,我国政府充分吸取"落后就会挨打"的沉痛教训,将经济发展列为首要任务。这样的效果是明显的,近些年来,我国GDP增速始终保持在较高的水平,经济增长速度取得了举世瞩目的成就。然而,在经济规模完成了跨越式发展的背后,经济发展质量却呈倒退趋势,尤其是在收入分配领域,居民收入和经济增速严重不相适应,这暴露出一味地追求高速发展却相对忽视了经济发展质量这种经济政策已不适应发展趋势。

重速轻质的发展模式所形成的内需总量不足整体表现在以下两方面:第一,过度重视经济发展的速度。长久以来,为了谋求GDP的快速提高,国家投资主要向重点项目、重要工程和重点发展地区方面倾斜,并且马不停蹄地展开一些投入巨大、短期内难以收到回报的浩大工程。因此,有限的财政资金被过多占用,提高居民生活水平的启动资金被压缩,很多贫困地区的居民收入得不到提高,各项社会保障也难以落到实处,使得还有相当数量的贫困人口,居民没有余力拿出更多的金钱消费。第二,社会公共服务等相关基础设施建设不力,导致服务于消费的公共资源严重不足。社会公共服务建设作为重要的公共资源,是保障社会成员享受相应权利和福利的重要基础,具有公益性、公众性和公用性的特点,对此的投入主要涵盖文化体育、公共安全保障、公共卫生、义务教育和社会福利与救助等诸多领域。如果这方面建设滞后,居民将会在可支配收入中拿出更多的开支来满足物质外的需求,然而,政府在投资决策中片面地追求提高GDP,对这类与GDP增长没有直接联系或是投资收益不明显的项目缺乏积极性,少投资甚至不投资,长此以往就造成公共服务在不同区域、不同领域资源短缺、功能结构不合理、配置分布不均衡,使得居民不得不自己掏腰包满足自身需求,相应地就会大大减少在消费和提高生活水平方面的支出。

与此同时,内需总量不足还有一条重要的原因是,以降低成本提高竞争力换来的增速不能从根本上满足社会发展需要。从经济运行的实际看,过去十年的增长周期中,中国在经济全球化的浪潮下已经变成了"世界工厂"。这主要得益于我国在国际市场竞争中采取了以低成本劳动力为主要支撑的成本领先战略,这样的模式吸引了越来越多的国家到我国投资,为我国经济高速发展创造有利条件的同时,却严重制约了广大劳动者收入水平的提高,有很大一部分社会群体的收入始终徘徊在较低水平。而与之相对的,物价居高不下,导致收入的实际购买力不断降低,居民在消费上的愿望锐减,反映到市场上就是内需总量的降低。

(二)城乡二元结构的制约

造成我国需求结构失衡的另一个原因是我国的城乡二元结构,我国二元经济结构特征明显,一直以来,我国对城镇和农村、工业和农业、城镇居民和农村居民采取区别对待的策略,在资源配给、收入分配、社会保障等方面的重心持续向城镇、工业和城镇内居民偏移,导致了具有庞大人口的农村整体消费不足,低于城市居民消费率,这也是制约我国经济发展的重要因素。

1.城乡公共投入的差异化

制约我国农村居民消费不足的另一个重要原因是由于城乡二元经济结构所导致的公共产品和公共服务的差异化供给。长期以来,我国在公共服务基础设施建设上采取"城乡分割"的模式,导致我国对城乡公共品的保障供给极度不均衡。农村居民同城镇居民同样是中华人民共和国的公民,享受的公共物品和公共服务本应是相同标准。并且,与城镇相比,农村具有更为广袤的面积,支柱产业多为基础产业、优质产业,广大农民文化素质较低,从事技术含量少、收入少的工作,这些都应该使农村居民获得更多的帮助。

2.农村市场开发程度较低

我国农村居民的消费能力直接影响我国居民整体消费需求水平,倘若我国农村购买力无法得到充分的开发,那么总体居民消费水平也难以提高。2022年,我国农村人口占总人口36%以上,如此的一个农业大国,农村消费市场潜力不可小觑。从这个角度看,农村居民收入水平得不到提高,限制了居民消费能力水平的提高,进而限制了我国经济的可持续发展。分析我国农村居民收入水平及购买力较低的原因主要是对于农村市场的开发,具体说来,主要包括以下三个方面。

第一,在我国城乡二元化的经济结构下,私人部门对农村市场的开发与关注不足。一直以来,城乡二元的经济结构使得我国城乡发展水平差异较大,农村居民与城市居民的收入水平也很不平衡,进而使得城市居民和农村居民的消费能力也有差距,而以收益为出发点的企业则更多地选择居住集中、消费能力更强的城镇市场,放弃居住较为分散而消费能力相对较弱的农村市场。而农村居民又因为地理原因造成消费环境较差,收入水平较低,以及传统消费意识和消费习惯的限制,使大多农村居民与城镇居民相对比,其消费呈现出需求结构单一、需求档次不高、需求品种较少、需求总体不足等特征。另外,农村居民往往居住较为分散,交通不便利等客观原因,更多的企业不愿意选择销售成本更高的农村市场,为农村市场提供的产品和服务一般都会远远低于城市。即使个别的企业会选择农村市场,将产品投放农村,但是投放的品种也十分有限,质量也相对较差,专门针对农村市场开发生产的产品更是少之又少。企业总是将研发费用集中用到收益水平较高的产品上,对于专门针对农村市场的产品开发投入很少,甚至没有。并且,真正对于农村市场进行研究,深入了解农村居民消费特点的企业十分有限,多数企业都缺乏对农村市场的研究,很难做好农村市场的细分、选择和定位,因而难以开发出适合农村市场的产品,往往缺乏市场研究的产品会出现难以销售的现象,相应地,农村消费者也就无法购买到其真正需要的产品,这也是农村市场往往会出现供需结构不对称现象的原因。

第二,农村市场流通的产品及服务质量参差不齐、交易市场秩序混乱。伴随着我国市场经济的日益发展与成熟,竞争越来越激烈,因此,很多企业也开始寻求新的市场,将目光转移至农村市场,但是更多的只是城市产品的移植,将针对城镇市场开发的产品直接拿到农村市场销售,无法真正提供农村居民所需求的产品和服务,特别是服务的不到位,存在严重的"产品下乡、服务不下乡"现象。很多产品在农村市场都缺乏良好的售后服务,农村居民购买的产品倘若质量出现问题,无法及时得到售后帮助及维修。对于农村居民来说,其原本应享受的与城市居民同样的服务,却因为所处地理位置而被剥夺。目前,专门为农村市场开发的产品十分缺乏,这些原本就不多的农村专门产品却往往因为企业对于农村市场的不重视,而忽略对产品质量的把关,使很多寿命短、质量差的产品流入农村消费市场,造成原本收入水平不高、消费能力弱的农村消费者对一些新型或大宗商品的消费显得更为谨慎。

第三,财政缺乏针对农村市场的引导政策。一直以来,我国对于农村市场开发的投入力度都很不足,无论是中央财政还是地方财政都表现出投入力度的不足。我国的工业强国政策使得财政资金对工业的投入较多,相应地,城镇经济也相对农村得到了更多的投入和更快的发展,城镇居民收入水平也比农村居民更高,消费水平也更高。随着宏观政策和市场机制一道向资本量雄厚的工业部门汇聚,用以加强农村市场建设的财政资金不断缩水,城镇和农村由于财政对农村、农业支持力度的持续降低而出现新形式的断层,受市场机制左右的新型二元经济结构也由此形成。对农村市场开发程度有限,不但阻碍了农村居民当期消费总量的增长,也在一定程度上牺牲了农村的消费潜能。

(三)经济政策的制约

1.分配政策不公平

改革开放以来,由于我国居民的可支配收入水平始终处于较低位置,最终消费率无法实现新的增长。在居民收入分配结构中,劳动生产要素的作用不断弱化,国民收入在国家、企业和个人三者的分配中所占比重逐渐减少,行业之间、城乡之间、地区之间的居民收入差距持续拉大,这些现实问题对提升消费需求和经济健康持续发展造成严重影响,而我国一般社会成员收入水平不高的问题要归咎于收入分配政策不公平。

一方面是收入分配政策重效率轻公平。20世纪七十年代末以来,我国为了快速发展经济,充分调动社会成员的积极性,打破了原有的大锅饭、平均制,收入分配制度也随之进行了多次改革。将原有的按劳分配为主的分配方式改革为多种分配方式并存的分配方式,再进一步发展为按劳分配与要素贡献分配相结合的分配制度,逐步肯定了要素分配对于优化资源配置的作用并且提高了依据要素贡献分配的比重,相应地按劳分配的比重就降低了;并且,收入分配政策在一定时期内显现出重效率轻公平的特点,分配政策也越来越重视经济的效率要素,而忽略了分配的公平要素。我国初次分配伴随着我国收入分配制度的不断改革,由原来的以按劳分配为主体的分配方式逐步向按生产要素分配的分配方式转变,而随着资本等各种要素贡献率的提高,劳动等基础要素的贡献率下降,政府和资本所有者的收入分配比重越来越大,而普通社会成员的收入分配比重则越来越小。因为劳动要素贡献率的降低,这种按要素分配的方式,使得普通劳动者的收入比重随之降低,初次分配中越来越多的收入被财政和其他资本所有者因为其要素原因而占有。不能否认的是,这种按要素分配的收入分配制度,使我国的社会劳动生产率得到了很大的提高,同时也促进了我国经济的快速增长,但是,由于按要素分配的收入分配制度,过度强调效率要素而忽略了分配的基本要义——公平,导致了社会上很多为了追求利益而违法、违反公平原则的现象频发,进而造成了社会成员的分配不公,社会财富两极分化严重的现象。

另一方面是收入分配政策重政企轻百姓。改革开放以来,我国的国民收入分配政策一直都存在倾向政府和企业而忽略普通劳动者的趋势。然而近些年来,我国拉动经济增长的主要动力之一的出口因为全球经济疲软的原因而逐年下降,依靠外需带动经济高速增长的时期已经一去不复返,所以必须寻求新的经济增长点,而消费作为促进经济稳定增长的动力之一,是我国在当前的国内和国外经济环境下的较好选择,然而扩大消费需求的首要问题是如何提高居民的消费能力、提高居民收入水平,保证分配领域中居民收入所占比重的提高是解决这一问题的基本。据相关统计,居民收入水平的提高与家庭消费能力的提高具有正相关的关系,因此,可以通过提高城乡居民的收入水平来增加居民的消费能力,进而促进国内消费需求的提高。如何提高我国居民收入水平,是解决我国消费需求不足的关键。初次分配在很大程度上决定了最终的收入分配情况,因此在提高居民收入水平的问题上,首先应该提高居民初次分配在国民收入分配中的比重。这就需要从原来分配给企业的利润中剥离出一部分分配给普通劳动者,一直以来资本所有者和财政收入的增长速度都要高于我国普通居民的收入增长速度,即初次分配中,越来越多的收入被企业或政府所挤占,造成居民分配的收入过少。这主要是因为长期以来我国劳动力市场都存在劳动资源供大于求、就业困难的现象,企业在用工上处于优势地位,劳动力价格往往单方面由企业决定,企业出于自身利益,一定会降低劳动者的薪酬,这就使得初次分配中企业所占据的利润更多,而劳动者所分配的利润较少,这是居民收入增长速度落后于企业利润增长速度的另一个重要原因。

政策上的不公平导致我国居民收入分配差距悬殊,进而影响整体消费水平的提升。我国居民收入差距不断扩大,并且呈现持续扩大的趋势非常明显。具体说来,我国居民收入差距持续扩大主要表现为:首先是城乡收入差距的扩大,尽管近些年各种惠农政策的实施逐渐缩小了城市居民和农村居民的收入增速差距,但是城乡居民的收入差距仍然悬殊;其次是居民收入的区域差距持续扩大,我国居民区域间的收入差距主要体现为各省、市、自治区之间的差异,由于我国幅员辽阔,各省的政策及制度安排有所差别,另外因为地域原因各省的资源状况也千差万别,这致使各省发展状况具有较大差别,东部和南部沿海地区的居民收入远远高于西北部内陆地区的居民收入;最后是行业收入差距过大。行业间从业者的收入差距主要体现为高技术行业从业者的劳动报酬高于传统劳动密集型行业从业者的劳动报酬,特别是近些年来,随着科技进步和社会发展,高科技行业的劳动者收入逐年提高,而从事农、林、牧、渔业、服务业、采掘业等传统行业的人员收入则相对降低,从而不断扩大不同行业间的从业人员收入差距。

对于经济增长起着决定性作用的消费需求难以提升,经济难以得到增长。然而造成我国居民消费需求不足的主要原因是收入分配的不公平。对于高收入者来说,其边际消费倾向要低于低收入者,低收入者由于其收入能力的不足导致其有需求却无能力消费。这是造成我国居民整体消费能力不足的重要原因,而消费不足又限制了我国经济的持续增长,因此要解决我国经济增长新动力的问题,首先要解决我国居民收入分配差距的问题。

2.税收政策不合理

税收,作为财政政策的重要手段之一,主要通过改变消费能力、消费意愿、投资结构和投资项目等内容,对我国内需结构进行调整,进而帮助财政政策完成宏观经济调控。然而,税收作为宏观经济的调节杠杆,其对于经济运行的协调作用不尽人意,特别是税收对于收入分配的调节作用不理想。我国现行税收政策在调节收入分配环节的设置上存在着一定缺陷,不仅难以实现对收入分配的调节作用,甚至从某种程度上还加剧了收入分配不均的现象,进而间接地限制了我国消费需求的提高。我国税制对促进消费需求的不利影响具体来说包括:首先是累进税征缴及监管不力。我国个人所得税采取的是分类征收,对于工资薪金收入采取的是累进征收方式,因此很多高收入者为了减少交税,便将收入进行转移分散,这十分不利于通过税收政策调节收入再分配环节以缩小居民收入分配差距的最初意图。其次,流转税的税负偏高。流转税因为其税负的可转嫁性,税收最终都会转嫁给最终消费者,由最终消费者负担,我国流转税的过高税负提高了商品的流转价格,进而限制了居民的消费欲望,降低了居民的消费能力。另外,我国缺乏遗产税、赠予税和社会保障税等具有调节贫富差距作用的税种,我国财富差距较大,过大的财富差距不利于消费需求的扩大,因此遗产税等可以调节贫富差距的税种应该尽快开征。

从税收对投资的影响来看:主要表现在对投资总量的扩大与对投资结构优化两个方面。促进投资规模扩大主要是通过降低投资者的税收负担、间接降低投资成本、增加投资收益来实现的。目前,我国在高新技术企业、战略新兴企业、节能减排企业、循环经济企业、高端技术研发企业、小微企业、民间投资等的所得税优惠政策力度明显不足;同时对于传统农、林、牧、渔业的税收补贴政策以及企业投资公共基础建设的所得税优惠政策更为缺少。这些问题都说明,我国的税收政策尚未发挥对部分企业的支持作用。而在优化投资结构方面,税收政策更是没有发挥好其调节及限制的作用。在增加税种、提高税率、调整税基等方面更为迟缓。资源税、环境税尚未全面启动,税收作用没有有效引导企业或个人的投资行为,更没有起到配置资本、资源在不同产业之间合理流动的效用,对消费品的供给和相关产业结构的调整作用也存在缺失。目前,我国的税收机制还不健全,导致整个社会对于税收政策变动反应迟缓。税收增减机制的不尽完善,削弱了税收的杠杆本应具有的优势作用。

3.社会保障体系不健全、保障水平偏低

目前,由于我国社会保障体系不健全,人们对未来收入提高及保障增强的预期不足,居民消费行为变得相当谨慎。另外,由于我国整体较低的社会保障水平限制了城乡居民的消费欲望和消费能力,这也是造成我国消费需求不足的重要原因之一。近年来,我国社会保障事业得到了很大的发展,对于社会贫困及弱势群体起到了很大的扶持帮助作用,但是不得不说的是,与世界较发达国家相比,我国的社会保障事业还有较大差距,特别是还未形成保险、福利、救助、优抚四个协调配合、合理保障的健全的社会保障体系。具体来说,我国社会保障体系不健全主要体现在三个方面:首先是缺乏具体目标和长期规划,一直以来我国社会保障体系的建设都没有明确的目标,缺乏长期的制度建设规划,这是阻碍我国社会保障体系健全发展的重要原因之一;其次是社会保障功能不足,由于我国社会保障建设缺乏长远性计划,造成养老、医疗、失业、工伤、救助等保障措施协力合作性不强,很多保障功能无法实施,使我国很大一部分居民无法真正得到基本的社会保障。最后,我国社会慈善事业及公益组织发展缓慢,目前,我国缺乏较大并且有号召能力的社会慈善组织,与此同时,国家对公益事业、社会慈善、公益救助等组织的政策鼓励与宣传力度明显不足,没有起到援助和改善社会弱势群体生活状况的最终目的。

四、支持需求结构调整的财政安排

(一)建立扩大消费的财政政策体系,增强消费对经济的拉动力

作为经济运行的最终环节,同时也是经济运行的最终实现形式,消费需求是拉动一个国家或地区经济长期稳定、健康增长最基本也是最

持久的动力。提高消费对经济的拉动作用,需要完善收入分配政策,持续增加城乡居民收入。财政支持需求、结构调整应该从提高居民收入能力和增强居民消费能力的角度出发,积极推进收入分配改革,加大对低收入群体的财政补助力度,有效遏制当前收入分配差距不断扩大的趋势,增强居民特别是低收入群体的消费能力,多渠道增加农民收入,大力开拓农村市场特别是农村消费市场,进而促进消费需求的扩大。

1.提高居民整体收入能力的财政安排

(1)解决城镇居民失业问题的财政安排

对于城镇居民来说,就业是其获得收入的主要途径。目前,伴随着我国城镇失业人口和潜在失业人口规模居高不下的同时就业机会和新增岗位也存在大量缺乏的现象,解决城镇居民就业问题,使城镇居民有一个相对稳定的就业环境,提高中低收入者的可支配收入水平,是提高城镇居民整体消费水平的措施之一。造成我国城镇居民失业率较高的原因,一是劳动力供给严重过剩,一方面是城镇化的加快,农村剩余劳动力向城市转移,另一方面是高校毕业生的大量输出;二是技术进步和资本有机构成的提高导致投资需求增长对劳动力的需求递减,在一定程度上形成了"机器排挤人"的现象,这不仅加大了缺乏一定技术水平工人的就业难度,也增加了新增就业人员的就业成本和进入门槛。另外,在政策层面也存在诸多制约劳动力就业的不利因素,尤其是促进就业的财政资金投入严重不足和税收扶持低收入家庭及下岗失业人员的政策力度不够。虽然国家税务总局为了鼓励和扶持下岗失业人员,推出了自谋职业和自主创新、鼓励企业积极吸纳下岗失业人员和安置富余人员的三类税收优惠政策,但却有优惠政策临时过渡性色彩严重、优惠对象及其范围界定不明确、优惠期限制定不科学、优惠手段单一、政策稳定性差等不足。因此,政府应充分运用财税政策促进和增加城镇居民就业,而不仅仅把政策作用的重点放在城镇企业人员的低保和失业保障方面。具体而言:一是加大促进就业的资金投入,建立财政对就业投入的长效机制;二是扩大促进就业税收优惠政策的范围,增强政策的宏观引导力;三是大力发展第三产业,增加就业机会;四是扶持和发展中小企业以促进就业;五是充分利用政府公共投资和大型项目带动就业;六是完善失业保险和低保制度,为促进就业创造良好环境。

(2)提高农村居民收入能力

第一,增加财政支农支出,提高农村居民收入。农村居民收入水平低且增长缓慢是制约农村居民消费的最重要因素,目前农村居民消费需求不足在很大程度属于"有消费欲望却无钱消费"。扩大农村居民消费首要问题是增加农村居民的实际收入,使其消费欲望转变为有效需求。从宏观方面,政府除了通过立法确保和提高农业财政资金投入之外,还应优化财政支农结构。合理优化财政支农结构,是提高农业综合生产力的前提和保障。财政支出应重点扶持农村中小型基础设施建设、骨干品种及优势产业发展、农产品质量提高等方面。具体从政策操作层面,政府应该将经济发展和农村居民的实际需求作为政策出发点。一方面继续加大对"三农"的投入力度,特别是以改善农村基本生活和生产条件为主的基本建设投资,积极推进城乡一体化建设,以改善农村交通、水电以及通信服务等为主要财政投入点。同时,应积极探索和完善以财政投入为主的多元化"三农"投入机制,通过资金投入手段和投入环节的创新真正起到满足农村居民消费需求和促进消费的功效。

第二,实行向农村居民倾斜的税收政策,提高农村居民收入。首先,加大税收政策对农业和农村企业生产经营的扶持力度。快速提高农村居民纯收入水平的根本途径发展农村经济,在扶持农村经济发展方面,税收政策一直有所倾斜,但还存在很多需要改进的地方。在增值税方面,应在农村生产经营等方面给予免税或提高进项税抵扣额度的照顾;在企业所得税方面,可以对农村企业的某些税前抵扣项目标准予以调整,以推动其产业升级,对其生产经营所得和其他直接为农村生产经营提供服务的经营所得给予适当的减免税优惠;在营业税方面,对直接为农村生产经营提供服务的营业收入予以减免税照顾。其次,对为农村生产经营提供金融服务的金融机构给予税收减免。建立农村资金"回流"机制,纠正市场机制在资源配置中的偏差,对农村金融机构实行差异化的税收策略,引导社会资本注入农村和农业,从根本上解决农村经济发展资金问题。因此,应对农村信用社等农村金融机构经营收入和其他金融机构为农村生产经营提供金融服务的营业收入给予税收减免，缓解农村产业发展资金短缺的问题。最后，对农村居民在城镇非农产业就业的给予税收照顾。农民工是我国社会一个庞大的群体，虽然其务工收入中的一部分会用于现期生活消费，但大部分收入将在农村形成有效消费需求。广大农民工由于文化基础和技术水平普遍较低，从事的多为技术含量不高的重体力劳动，应对这个弱势群体给予特殊的税收照顾。另外，还应出台一系列支农惠农政策，大力发展现代农业和实行组织化经营，推动农村经济的快速发展提高农村居民的收入水平。例如，提高粮食最低收购价格和各项涉农补贴标准以及向农村居民发放免费的消费券等等。只有在收入水平大幅度增加的前提下，农村居民的消费潜力才有可能被释放出来。

(3)协调收入分配的财政安排

第一，收入分配体制改革要有利于调动劳动者创造财富的积极性，同时兼顾社会各个方面的利益关系和社会承受力。具体应从城镇居民内部和地区差异的实际情况出发，着力从体制和政策上调整城镇居民消费结构，启动不同收入层次居民的消费需求，制定增加居民收入和消费的激励政策，千方百计拓宽就业渠道、提高就业率，增强中低收入居民的消费能力，通过合理收入差距的形成稳定城镇居民消费预期，提高其边际消费倾向。

第二，在初次分配领域中要增加工资收入，即劳动者报酬的比重，因为工资收入的边际消费倾向高于利润收入，而且现阶段的国内需求属于工资领导型。就城镇居民而言，健全工资正常增长机制，逐步提高最低工资标准，推行小时最低工资标准，实行企业职工工资集体协商制度，不断提高城镇职工工资收入。虽然职工工资水平的提高会增加企业用工成本，但是只要幅度合理，不仅可以增强职工的消费能力、促进其劳动积极性，而且有利于稳定城镇职工与企业的劳动关系，对职工个人、企业乃至整个国民经济都是有好处的。另外，最低工资标准通常高于在市场分配中自发形成的最低工资水平，而且具有强制性，适用于全社会各种所有制形式及一切部门机构，提高最低工资标准是增加低收入群体收入水平最直接的手段之一。

最后，在再分配领域中应缩小城镇居民内部收入差距和城乡居民地区收入差距。一是尽快统一城乡税制,建立覆盖城乡居民的个人所得税制度。但要考虑中部、西部与东部、不发达地区与发达地区之间的差异,通过税种和税率设计,加大税收对不同地区和不同收入群体的调控力度,有效控制居民收入的地区差距、城乡差距和内部差距。二是通过社会保障支出、财政补贴和税收优惠等有效手段,加强农业产品、农业机械和农业生产的补贴,加大政府民生领域资金投入,支持汽车和家电消费品等下乡活动。

2.增强居民消费能力的财政安排

(1)完善社会保障制度,提高城镇居民消费倾向

根据预防性储蓄理论,一个国家的社会保障支出越大、制度越健全,居民储蓄倾向就会越低,反之边际消费倾向越高。社会保障与居民消费之间这种正向关系,是因为国家建立完善的社会保障体系,向居民提供全民覆盖且较高层次的保障水平,为社会成员基本生存需要提供了保障,其实质是为社会成员建立的一张"安全网",可在一定程度上消除居民未来收入预期的不确定性,解除居民对生、老、病、死、教育和住房的后顾之忧,增强其对消费需求的弹性,从而最大限度地释放他们的消费潜力,使他们敢于消费、放心消费和大胆消费。我国社会保障制度经过多年的改革与发展,已初步建立以养老、医疗、失业三大保险为基本项目、以工伤保险、生育保险、社会救济和社会福利为辅助项目的具有相互衔接关系的社会保障制度内容体系。但是我国社会保障制度并未全面覆盖农村居民,并且统筹层次与保障水平都有待提高。另外,尽管目前我国社保基金已纳入预算内管理,但仍然采用收费制,没有开征社会保险税,缺乏稳定的资金来源。因此,一要增加社会保障投入,加大政府在教育、养老、医疗卫生和住房等方面的民生性支出,扩大社会保障范围,提高保险待遇与统筹级次。二要加强社保基金管理,通过多种途径化解社保基金"空账"运行问题。三是开征社会保险税,尽快实行"费改税"。四是完善城市最低生活保障制度。

(2)加快建立覆盖城乡居民的社会保障制度

不健全的城乡二元社会保障制度导致农村居民对未来预期的不确定性增强,因消费信心不足人为地降低了其消费倾向,消费需求增长缓

慢。因此,唯有尽快建立覆盖城乡居民的新型社会保障制度,才能将广大农村居民的收入转化为有效需求。扩大政府社会保障支出,不仅可以直接增加农民收入、扩大农村居民消费需求,而且还能够消除农村居民的后顾之忧,稳定消费预期,使其愿意消费、敢于消费,这有利于开拓国内市场,尤其是农村市场,扩大国内消费需求,增强消费对经济增长的拉动作用,促进经济结构调整和发展方式转变,为长远经济社会平稳较快发展打下坚实基础。

第一,建立新型养老保险制度是拉动农村居民消费需求的根本保证。以土地保障为基础、家庭保障为依托的传统的农村养老保障模式已不能适应社会经济发展要求,这在很大程度上制约了农村居民消费需求的增长。加快建立与新形势相适应的农村新型养老保障制度不仅能够扩大农村居民消费需求,而且有利于维持农村社会稳定。

第二,建立统筹城乡的医疗卫生保障制度是扩大农村居民消费需求的内在动力。新型农村合作医疗不仅有利于解决农民看病难、看病贵问题,而且还稳定了农村居民消费预期,提高了农村居民消费需求。但是城乡医疗卫生保障水平仍有较大差距,在进一步推行新型农村合作医疗的同时,应着力建设统筹城乡的医疗卫生保障系统。

第三,加快完善农村最低生活保障制度建设,增强农村低收入人群的消费能力。农村最低生活保障作为整个社会保障体系中最基础和最后一道社会安全网,不仅有利于消除贫困,而且还能增强农村低收入人群的消费能力。然而由于农村低保实行的时间短,还存在许多实际问题。城乡低保标准差距较大、各地区之间保障水平很不平衡,中西部省份缺乏稳定的低保资金来源等。因此,必须继续加强农村低保的制度建设,坚持以"城乡一体化"为目标,完善农村居民低保制度的资金筹措机制,合理确定低保对象和保障标准,努力提高制度覆盖率,切实保障农村低收入人群的消费能力。

(二)优化投资结构,提高投资效率的财政安排

财政对于投资需求的影响应该把重点放在投资结构的调整上,使投资进一步向社会保障和改善民生倾斜。

1.加大偏远贫困地区民生领域的投资力度

与世界平均水平相比,我国对民生领域的投资远远不足,特别是对于偏远地区的民生投资力度尤为不足。要提高投资效率首先应该将资本投入最需要的地区和项目,加大对民生领域的投资,特别是对偏远贫困地区的民生投资。只有从困难群众的生活需求着手,改善其生活状况,才能逐步缩小贫富差距。具体来说,改善偏远贫困地区居民生活状况应该从四个方面着手:首先应该加大力度投资建设农村及偏远地区的基础设施,尤其是偏远地区的基本交通问题,例如乡村公路、客运专线、铁路干线的建设投入,在此基础上逐步建设地区干线机场和支线机场;其次是加快边远贫困落后地区的饮用水、灌溉水利、生产基地等基本民生工程的建设与改造支出;再次是应该持续扩大对于边远贫困地区的基础教育和义务教育的投入,重点解决偏远贫困地区教育资源匮乏的问题;最后是扩大对偏远贫困地区的卫生投入,加快对农村包括医疗卫生场所及设施建设、社会保障、保障性住房等的建设。

2.加大战略型新兴产业的投资力度

战略新兴产业是指以高技术含量和潜在消费需求为基础,资源消耗少、成长潜力大、综合效益好的产业。对经济社会全局和长远发展具有重大引领带动作用,包括节能环保、可持续利用的新能源产业;性能高、成本低、资源消耗少、环境污染小的新材料工业;以应用为主导、以基础设施和网络体系建设为支撑的电子信息产业;以生物芯片,基因工程、环保生物、生物新材料、生物育种、生物化肥、生物农药、生物医药为主的生物技术和中医药产业;探索宇宙空间的航天航空、深海资源和地球勘探产业等。加大对战略新兴产业的投资,必须坚持政府引导为主,科技创新与实现产业化相结合,加大投入力度,把战略性新兴产业培育成国民经济的先导产业和支柱产业。此外,还应加大对文化创意、影视制作、出版发行、印刷复制、演艺娱乐、数字内容和动漫等七大重点文化产业的投资。加快发展文化产业、推动文化产业成为国民经济支柱性产业,促进国民消费总量提升与消费结构的优化升级。

3.调整投资结构

投资结构是社会经济结构非常重要的一个方面,是指在特定时期内,投资中各个要素的构成数量比例关系。一个合理的投资结构可以帮助投资效益最大化地实现。我国目前的投资结构,总的来说,存在着投资主体单一、关键性产业投资不足、基础设施投资不到位等失衡现象,极大地影响了我国财政资金的配置、产业结构的升级和投资效率的优化。所以,解决我国内需结构失衡的关键问题之一就是要优化调整我国的投资结构。

第一,应该加强政策引导,形成多元化投资主体。近年来,我国企业和民间投资比重虽然呈逐年上升的态势,但从资本形成总额的构成来看,政府投资仍然占主导地位。政府投资虽然拉动了经济快速增长,但是财政资金的日益紧张也使得继续依靠政府投资的拉动经济的局面难以为继。因此,将政府投资的引导作用与发挥民间投资的积极性有机结合起来,形成多元化投资主体,才能改善我国经济内生性增长动力不足的发展趋势。形成多元化投资主体,要加强对市场自主投资主体的鼓励和政策引导,支持民间资本投向政府鼓励的项目和符合国家产业政策的领域,大力引导民间资本进入公路、水运、机场、电力、电信等基础产业和基础设施领域,广泛参与民生工程的投资;同时,出台配套性鼓励政策,从财政、金融、税收等方面给予配套支持,解决国家单纯依靠财政手段集中拨付资金的紧张局面,最大程度提高社会积累资金的使用效率。

第二,以产业结构升级为目的,调整投资重点。优化投资结构是产业结构升级的前提,投资结构决定产业结构,优化投资结构应将投资的重点放在高新技术产业、服务业以及消费转化效应较大的教育、文化、旅游、保健等领域。与发达国家相比,我国高新技术产业相对落后,产品自主创新能力不足,缺乏核心技术支撑,产品的技术含量和附加值较低。随着科学技术的发展,应将投资重点集中于以核心技术创新为驱动的产业项目上,促使投资由劳动密集型产业向资本、技术、知识密集型产业转化,提高产业竞争力。通过投资教育文化、休闲旅游、医疗保健等产业,满足消费者高层次的消费需求,以期达到通过投资拉动社会消费、促进经济良性循环的目标。

(三)促进出口需求调整的财政安排

要正确处理内需和外需的关系,坚持利用好国际国内两个市场、两种资源。财政对于出口需求的调整主要是运用进出口税收政策,稳定出口增长,控制出口需求规模,实现内需与外需平衡;促进出口结构化合理,利于国内产业结构升级,发挥出口对宏观经济平衡和结构调整的重要作用。

第一,要充分利用出口退税政策调整出口规模。我国的出口高速增长无法脱离财政政策的扶持作用,特别是出口退税政策的作用尤为明显。据统计,出口贸易的稳定增长与出口退税呈现正相关的关系,同时出口退税政策还会对产业结构与地区经济结构产生显著影响。所以,通过调整出口退税政策,例如通过整体提高或降低出口退税率,可以对出口需求产生总量控制效果;或者,对附加值含量不同的产品实行高低不同的退税率,发挥"税收诱因"效应,优化资源配置,推动产业结构与地区经济结构的调整,促进由劳动密集型出口向技术密集型出口的转变,从而实现出口需求的结构调整目标。

第二,开征出口税。出口税不但利于控制被课税产品的出口数量,而且一定程度上也有助于该行业的内部结构调整与优化。2005年1月,我国开始对某些出口纺织品加征出口关税,这一措施不仅有助于减少出口纺织品数量,缓解国际贸易摩擦,更重要的是,利于推动纺织业结构升级,摆脱外延型数量增长模式,提高国际竞争力,并且为出口导向型经济转型提供契机。但出口税的征收必须慎重,否则不仅不利于出口行业的发展,还将阻碍甚至限制了出口行业的发展。

第四节 要素结构调整的财税政策

一、要素结构的基本理论

(一)要素

要素是经济学中的一个基本范畴,是指进行社会生产经营活动时所依赖的条件或资源,包括自然资源、资本、劳动等传统性资源和技术、管理和信息等知识性资源[①]。按照生产要素的不同存在形式,可以将其划分为以下六大类。

自然资源要素:自然资源是指天然存在并且具有利用价值,能对人类产生价值的物质,包括土地、矿藏、水利、动植物、森林、海洋等一切有形或无形的资源。自然资源在被人类利用后可以为人类社会生产做出贡献,是人类生存和发展的基础,也是人类社会生产过程中不可或缺的要素,并且自然资源更多地体现为物质形态的要素。

资本要素:另一种可以提现为物质形态的要素还包括资本要素,但资本要素不仅仅可以体现为物质形态,还表现为货币形态,即资本要素包括货币资本和实物资本两类。资本要素只要使用得当,会自我增值。另外,资本要素是不可被替代的。影响一个国家或地区资本结构的因素非常多,市场潜力、风俗习惯、制度安排、政府效率都会影响资本形成和资本结构,特别是在资本全球化时代,探讨一个国家或地区的资本结构问题,对于国家经济安全显得更为重要。

劳动力要素:劳动力是指人的劳动能力,是蕴藏在人体中的脑力和体力的总和。生产过程实际上就是劳动力作用于生产资料的过程。因此,劳动力要素是社会生产的动力要素,是对经济发展起到决定性的要素之一。这是因为一个社会的劳动力的基本情况,包括劳动力的数量、质量及其构成,以及社会劳动资源的开发和利用情况,都能够对社会的进步和经济的发展产生巨大的影响。单纯用数字难以完全表达劳动力的真实状况。劳动力的内部结构非常复杂,包括劳动力年龄、性别、知识(学历)、技能、健康状况、地域分布、文化背景、敬业精神以及品德修养等等。

技术要素:技术是指生产的方式和方法,目的是提高劳动的效率。在现代化程度非常高的今天,技术要素已经越来越为人们所重视,这一新兴的要素正在随着知识经济的发展而逐渐成为经济社会发展的主要动力和来源。

管理要素:管理要素又被称为企业家才能要素,可见其关键在于企

[①]姚程.中国创新型人力资本产权实现问题研究[D].成都:西南财经大学,2020:21-23.

业家或者管理者的管理才能,管理要素包括组织、经营、管理、创新、承担风险等活动,是管理者通过这些活动将其他经济资源组织协调,使之以更高的效率和利用率运作。

信息要素:信息要素的主要宗旨是通过对信息的搜集、处理和传递为生产者和管理者在进行有关其他要素移动与配置的决策时提供参考,并反映和沟通各方面经济情况的变化来控制和管理生产,实现经济效益的最大化。随着生产力的发展和科技的进步,科学技术、知识信息日益成为创造和增进财富的重要因素。

(二)要素结构

要素结构,是指各类要素的构成情况。各种生产要素之间,尤其是作为能动的人的要素与被动的物的要素之间,必须实行有机的结合,才能成为现实的生产要素。各种要素不进行这种结合,就不能进行生产活动。各生产要素之间的联系、投入的比例关系不同,对经济增长的贡献大小也不同。

二、我国要素结构失衡的致因分析

(一)经济增长热衷于要素投入

一直以来,对经济发展的量化追求就呈现不懈的态势,因此,对于能够将经济指标提高的要素投入表现得比较热情。随着国际大发展的步伐,我国对自身能源资源等自然要素的投入呈现上升状态,大规模地开采开发国家的稀有金属以及钢铁能源等问题一直存在。对经济的增长表现出的热情产生了对要素投入结构不合理现象的发生。

同时,自然资源是不可再生资源,自然资源的浪费无度是要素结构调整的重要环节。由于发达国家对自身自然资源的限制使用和保护,其发展过程中又对自然资源有着很强的依赖,因此,发展经济的自然资源就成为我国等发展中国家出口的必要原材料。然而宝贵的自然资源要素对一个国家或地区乃至世界生态环境十分重要,所以对要素结构的调整势在必行。

(二)技术创新长期依赖于技术引进

自20世纪70年代末,我国开始改革开放以来,在技术进步上更多地是依靠技术引进,依赖发达国家,并且在产业上作为发达国家的产品组装者。不能否认的是,这种依赖发达国家的技术引进,成为世界的加工厂,确实使得我国经济取得了巨大的增长,但是随着经济的发展,当经济增长到一定水平后,并且我国原有的劳动力和自然资源等比较优势逐渐减弱或消失,必然会造成经济增长速度的降低。

另外,我国在依赖技术引进的同时,一直以来存在的另一个问题是对技术的吸收消化不够,更多地是对技术的模仿,是一种假性的创新,而不是原发性的、自主性的创新。换言之,就是我国在技术创新结构中,缺乏自身技术基础和技术能力的培养,主要是因为长期以来我国缺乏促进自身技术创新的机制、环境和条件,即一直以来我国对自主创新都表现得不够重视。

中国企业对于技术的吸收消化更多地是体现为投入的不对称,即企业投入技术引进的资金与投入对于技术吸收消化的资金的不对称。一般情况下,技术转让方不愿意让技术引进方知道更多的关于技术深层次结构的内容,所以很多时候技术引进方很难知道技术的深层次结构及其运行原则。另外,加上技术在开发时都具有较强的地方特色,所以引进的技术往往都具有技术转让方的本土化特征,这进一步加大了引进方对于技术的消化吸收程度。而我国大多数企业在这种原本就很难消化吸收引进技术的条件下,还忽略对于技术消化吸收的投入,这无疑对攻破消化吸收技术这一难关雪上加霜。对于企业来说,只有加大对于技术消化吸收的投入才有可能提高技术的消化吸收力度。而对于提高技术的消化吸收效率,则应该提高消化吸收技术和引进技术的投入比例。以日本和韩国为例,他们在消化吸收技术和引进技术的投入比例大体保持在3∶1,而我国大中型企业工业技术消化吸收和技术引进的投入比例为1∶10,仅为日本和韩国的三十分之一,即使是中国的500强企业之一投入比例也仅为1∶3.3,差距十分明显。[①]

这种对于引进的技术消化吸收不足的现象对我国技术创新是十分不利的,尽管短期内节约的技术消化吸收投入可以帮助企业节约成本,

---

① 熊娟娟. 引导创新资源高效配置的财税政策研究[D]. 南昌:江西财经大学,2020:12-13.

将资金投入更多更新的技术引进中来,但是从长期来看,对企业是十分不利的,不仅体现为技术上受制于人,长期下来会浪费更多的资源。另外,我国技术创新能力不足与创新投入不足有很大关系。

(三)人才培养与保留机制薄弱

技术创新人才总量的增长和整体素质的提高,是形成技术创新能力的关键。然而我国在技术创新人才培养和保留方面仍存在许多薄弱环节。企业对科技人员的培养缺乏长远眼光,不注重技术创新人才的教育和培训,使用方面没有做到人尽其才。科研院所的科技人才受制于传统绩效考核方法,往往片面追求科研数量,忽视科研成果的实际转化能力。近些年来,由于人才环境不够宽松,人才的聚集、培养和使用机制不活,科技人才大量外流,"孔雀东南飞"的现象仍较严重。

三、要素结构调整优化的财政安排

(一)鼓励科技创新,增强自主创新能力的财税安排

科技的发展和创新是我国要素结构调整的关键问题。自主创新能力是一个国家的核心竞争力之一。我国要想在国际竞争中占有一席之地,必须不断提高自主创新能力,自主创新能力对于要素结构调整也是非常核心的内容。过去,我国经济发展过度依赖要素数量的投入,致使各项要素技术含量不高,科技进步和创新的贡献有限。转变经济发展方式要求我们必须改变原有的拼资源、拼环境、拼劳动力赚取微薄利润的发展方式,促进发展要更多地依靠科技进步、劳动者素质提高、管理创新推动,逐步形成以科技进步和创新为核心的新的增长动力。

然而,科技创新自身具有高投入性和高风险性的特征,就私人部门而言,成本是非常巨大的,因此,要促进科技创新、推动技术进步,必须由政府出面,通过财政税收手段加大对科技创新的扶持。一直以来,我国都是以技术引进为主,短期内,在技术上可能仍会以技术引进为主,但是不再仅仅是引进,而应该增加投入,更多地消化吸收,与此同时,还要改变原来技术引进中的政府主导为市场主导,从市场出发引进技术。首先要改变观念,认识到技术引进是市场行为而非政府行为。在技术引进中,政府应该是提供协助,通过政策、法规等来服务企业引进技术,而企业才是技术引进的主体,只要企业引进的技术是符合市场竞争规

律,就应该是合理的。另外,要将战略重点放在自主创新上。因为跨国企业并不会将花长时间、大价钱的核心技术引入中国,因此对于企业来说,不仅要引进技术,更重要的是要自主创新,将吸收外资与技术引进、消化吸收和创新结合起来,在引进中消化吸收,在消化吸收中创新,以便提高企业自身的消化吸收能力和自主创新能力。

在财政政策上,一是政府应通过贷款担保、贴息、风险补贴等方式逐年加大对科技创新的引导和激励,确保政府引导性资金投入的稳定增长,重视发挥政府投入对社会的示范效应,调整要素的投放机制。二是进一步增加对高新技术企业的财政投入、财政担保、贴息及税收优惠,引导和带动市场资金注入高新技术行业和企业,支持高新技术产业发展,改变要素投入结构。三是实施促进传统骨干企业自主创新的财税政策。为企业技术改造、工艺升级和新品开发提供补贴或贴息,引导企业采用新技术和新工艺扩大再生产;加大对企业研发投资的财税支持力度,鼓励企业增加科研投入,加快建立以企业为主体、市场为导向、产学研相结合的技术创新体系,引导创新要素向企业聚集,培育企业的自主创新能力,提升企业产品的技术含量、附加价值和市场竞争力,将要素结构调整机制充分发挥出来。

(二)促进资源节约和环境保护的财政政策调整

促进资源节约和环境保护,是我国实现经济社会全面协调可持续发展的内在要求,也是要素结构调整的重要内容,更是转变经济发展方式的必然要求。因此,应加快建立比较完善的鼓励能源、资源节约和环境保护的财税政策体系。

1.实行环境税制度

现行的管理制度并不能有效地激励企业对环境的保护,环境税可以为政府政策的空白进行相应的约束。因此,开征环境税是我国加快经济发展方式转变的必然要求。选择污染排放税和能源税对于我国水污染、大气污染和固体废物污染等可以有效防治。另外,环境税的开征对于缓解我国能源紧张的局面也是很好的选择。而环境税的设计关键在于税率。环境税的开征应先易后难、逐步推进。如果在实施的过程中出现环保专业技术性过强而导致课税有一定的难度,可以先将污染程度较重的、亟须税收进行控制的污染产品征收环保税,对技术检测要求较高的项目仍由环保部门管理,等到相关条件成熟时再纳入环保税的范围中,并将此项地方税收用于环保事业的进行。

2.推进资源税税负向上调整的税制改革

通过对要素结构的调整,适度提高石油、天然气、煤炭、水、电等资源性和初级性产品的价位,以刺激各主体对资源的节约和有效利用,抑制其对资源的不合理消费。另外,加快资源税费制度改革。未来我国资源税改革的主要方向包括三个方面:一是应扩大资源税征收范围,对水资源、森林资源、草原资源、土地资源、海洋资源等征收资源税,对自然资源进行有力的保护。二是将资源税和环境成本以及资源的合理开发、养护、恢复等挂钩,根据资源的稀缺性、人类的依存度、不可再生资源替代品开发的成本、可再生资源再生成本等因素,合理确定和调整资源税的税率,针对直接污染环境的行为和在消费过程中会造成环境污染的产品进行课税,提高各种涉及环境保护的税费征收标准,使资源价格能够反映资源破坏和环境治理成本。三是建立配套的减免税和加征措施,应制定国家资源开采标准,对某种资源的开采应提出具体回收率等方面的要求,将资源的储量和实际的开采量进行对比,考虑资源的综合利用等因素。

3.鼓励相关环保产业大力发展的财税制度调整

加大对节能减排领域的投入力度,支持重点节能减排工程建设。在财政投入方面,财政应当继续支持重点节能工程、城市污水和垃圾处理、重金属污染防治、重点流域水污染治理、主要污染物减排等生态环保项目,鼓励企业实施节能技术改造。

在税收优惠方面,一是对实行节能环保项目的企业实行企业所得税的减免,对于企业投资节能环保设备可以抵减企业所得税等激励企业参与节能环保,并且通过企业所得税的减免还可以推进重点行业和企业的节能减排;二是对节能新产品的生产和销售等流转环节实行优惠税率,进而推进企业节能减排的技术改造;三是加大对使用节能产品和节能技术的税收优惠政策,例如对新能源汽车、节能环保建筑和节能灯具等节能产品的使用给予税收优惠,以促进这类节能产品的需求,同时扩大节能环保产品惠民工程实施范围;四是对新能源要素的探索实施碳税或环境污染税制度及鼓励新能源发展的税收制度,倡导低碳经济和绿色经济等概念。

4. 支持低碳消耗,促进要素使用优化调整碳税的问题

以碳税统领的节能环保的税制体系,在全世界范围里,也仍是处于探索和尝试的阶段。即使是发达国家,也只是相对发展中国家更先进一些,因为其制度相对健全、经验丰富一些,碳税机制更健全一些,而发展中国家相对落后,因此碳税的相关配套措施也不足。

目前,碳税问题对于我国来说,更多的是整合现有财税体制和机制的问题。碳税并非指某个税种,而应该是一个以节能减排、促进低碳环保的税制体系。就我国财税体系来看,我国建立碳税体系的关键不是系统性开征新的税种或者增加新的课税主体,而是应着力于我国目前现有的税制结构中的系统调整问题。目前我国税制结构中增值税切块过大,特别是在增值税由生产型转为消费型之后,相当于对增值税进行减税,这就加大了各部门对工业的偏好。另外,我国税制体系中还存在着消费税偏轻,资源税和环境税未成系统等问题。从经济学角度看,财税制度调整经济运行主要立足于边际成本与边际收益的协调,增加高耗能、高污染行业和生活方式的成本,是历来实现节能减排的主要办法。扭转目前高碳生产现状和高碳生活方式发展模式,继续在消费领域有进度有计划地进行税收调节,累进式的碳消费税体系并不违背结构性减税的初衷,采取有效征管、细化实施和切分管控的办法,对过度消费造成的碳排放进行经济约束和税收惩罚。

第六章 促进经济循环发展的财税政策研究

第一节 循环经济与财税政策

一、循环经济发展中的政府行为

（一）循环经济发展中的政府调控作用

市场和政府在经济和社会发展中的作用,一直是经济学理论与政策争论的焦点之一。而其核心问题是对"市场失灵"与"政府失灵"的性质及其解决方法的认识不同。笔者认为,市场机制与政府调节之间的选择,并非非此即彼的选择,而是在两者之间不同程度、不同层次以及不同作用方式的选择。从资源配置效率角度看,市场和政府都会产生不同程度的低效率,但市场作为一种主要的资源配置机制,起到了比政府更好的作用;从公平角度看,市场是难以保证公平的,政府同样也会产生严重的缺陷。因此,笔者赞同如下的观点:"市场调节可以称为第一次调节,政府调节可以称为第二次调节,只有在第一次调节不能达到社会经济发展预定目标的场合,才需要第二次调节。即使如此,仍应当认识到,离开了市场机制,第二次调节也就发挥不了作用。"[①]在发展循环经济的问题上,由于环境与资源问题的特殊性,不是表现在是否需要市场机制或国家干预上,而是表现在市场机制和国家干预所占的比重和方式上。换句话说,在解决发展循环经济所遇到的问题时,考虑到市场机制的局限性,需要在更大程度上发挥政府干预即第二次调节的作用,但即便如此,在政府调节过程中也应注意充分发挥市场机制的作用。

[①] 刘元春. 大时代下宏观经济学面临的挑战与变革[J]. 上海财经大学学报,2022,24(04):3-17.

(二)政府调控的经济手段

当某种手段的应用足以影响到经济当事人对可选择的行动的费用和效益的评估时,这种手段就可以被称为经济手段。与直接管制手段相比,经济手段能使当事人以自身认为更有利的方式对特定的刺激做出反应。目前,世界各国所采用的发展循环经济的手段主要分为七类:①明晰产权;②建立市场;③财政税收手段;④收费制度;⑤金融手段;⑥责任制度;⑦债券与押金—退款制度。

一般来说,经济手段的选择主要考虑以下准则:①有效性。手段的有效性是指所要评价或选择的手段的实施能否实现相应的政策目标;②经济效率。从广义上说,经济效率是指政策手段的实施能够使资源达到社会优化状态。其狭义定义是指在达到给定的政策目标前提下,手段的实施费用最小;③可接受性。可接受性包括分配效应(公平性)、透明度以及制度结构的配合;④监督管理的可行性以及相应的管理费用;财政税收政策除了满足以上条件外,以其调控经济的直接性而成为世界各国制定促进循环经济政策的首选。

通过财税政策中的投资、购买、贴息等政策可以较好地引导企业按照循环经济的原则办事,走循环经济发展的道路,同时征收环境污染税,对排污进行收费,限制高污染、高能耗的企业发展,鼓励企业引进先进设备,优化生产流程,从而达到保护生态环境和经济增长"双赢"的目的。由此得知,财税手段是政府用来促进循环经济发展的重要经济手段。[①]

二、财税政策促进循环经济的理论依据

(一)外部性理论

财税政策介入循环经济发展的理论依据,主要源于英国剑桥大学教授马歇尔和庇古在20世纪初提出的外部性理论,也称"庇古理论"。外部性是指:那些生产或消费对其他团体强征了不可补偿的成本或给予了无需补偿的收益的情形。即某个经济主体对另一个经济主体产生的外部影响,而这种外部影响又不能通过市场价格进行买卖。根据外部性的影响效果,分为外部经济(或称正外部经济效应、正外部性)与外

[①]吕丽. 节能环保财税政策实施效果评价研究[D]. 呼和浩特:内蒙古财经大学,2020:17-18.

部不经济(或称外部经济效应、负外部性)。前者是指经济主体在其生产或消费过程中为其他经济主体带来了收益,但却不能指望对方为此而支付报酬。后者则是指经济主体在生产或消费过程中给其他经济主体带来了利益上的损害,增加了其生产成本或生活费用,但却不必为此赔偿损失。

发展循环经济,关键在于实现人与自然、生态的和谐发展。生态环境与自然资源具有典型的公共物品属性,市场机制对这类公共物品的配置在一定程度上是低效率的,要解决环境与资源领域的外部性问题,"庇古税"理论已经告诉我们,可以利用财政税收政策来协调处理循环经济中的各种外部性问题。

由此可见,政府积极介入,通过财税政策将其内部化,迫使污染者从自身利益出发选择更有利于环境保护的生产经营方式。同时筹集资金,由政府根据需要加以支配,以支持清洁工艺技术的研制开发、区域性的环境综合整治以及重点污染源的治理,从而最大限度地实现环境政策目标,将经济引向可持续发展的道路。

(二)公共产品理论

企业私人成本能够轻易低于社会成本,一个相当重要的因素是公共物品的广泛存在。当我们把眼光转向大气污染这个问题时,可以明显感觉到上述市场失灵的存在。财政理论指出,公共产品具有非竞争性和非排他性的特点,因此使市场机制无法生产或者提供公共产品,政府只能通过公共提供的方法来解决公共产品的供给问题,而税收收入则是政府提供公共产品的主要收入来源之一。显然,改善环境质量和保护资源具有很浓的非排他性和非竞争性,因此政府有理由通过征收相关的环境税收所筹集的资金来弥补环境保护所需。

三、循环经济与财税政策的相互促进

(一)财税政策对循环经济发展具有重要作用

1.财税政策是发展循环经济的有力保障

循环经济强调经济发展必须以自然资源为基础,同环境承载能力相协调;它以提高生活质量为目标,同社会进步相适应,因此,它包括经

济持续、生态持续、社会持续三个方面,生态持续是基础、经济持续是条件、社会持续是目的。我国目前的生态环境状况,已引起政府及社会各界的高度关注。但是,发展循环经济具有公益性、长期性和复杂性,需要政府、企业及公众等全社会的不懈努力和共同参与。财税政策,一方面作为国家实施宏观调控的重要手段,在循环经济的发展过程中有着不可推卸的责任;另一方面,财政税收的性质和职能,决定了税收在循环经济发展的政策体系中有着不可替代的优越性。所以,完善财政税收政策可以为循环经济的发展提供有力的政策支持和资金保证。

2. 财税收政策是发展循环经济的动力机制

财税手段能够直接影响企业的行为取向,并通过这种传导机制为企业技术革新、降低污染、自觉实施循环经济战略提供刺激。从短期看,征税等财税政策会增加企业的成本,削弱企业的竞争力;但从长远看,在利润最大化的驱使下,征税政策会引导企业主动作出反应,从而促使企业改变其污染环境、浪费资源的行为,以降低成本,提高经济竞争力。另外,财税政策通过对市场的作用,对成本、收益构成影响,进而对污染和滥用资源的行为产生作用。它对市场经济行为有激励效用,可以降低管理、监督和强制执行成本,具有很大的透明度,有利于实现资源利用中的公平性。所以,在公平竞争的市场上,合理、优化的财税政策会推动企业不断进行自主创新,自觉地践行循环经济的理念。

3. 财税政策是引导循环经济发展的必要途径

企业作为市场经济的主体,其最大的特征是追求利润最大化,而生态环境的优化需要较大的投资,大部分投资在短时期内是很难产生回报或回报率很低的,企业出于追求自身利益最大化的目的,在短期内不会实施自觉的环境保护行为。通过税收的强制征收,可以迫使企业采取措施治理和减少污染,改善环境,或者转向能降低成本、增加利润而污染少的行业,从而使产业结构和资源配置向有利于环境保护的方向调整;同时,企业又是发展循环经济的主体,目前我国企业自身发展还存在许多问题:大部分产品供大于求,需求不足;技术装备落后,新增设备对进口的依赖程度较大(占用了大量资金);产业组织结构不合理,企业规模小而且分散;经济效益不佳,负债率偏高;科技基础薄弱,自主开发能力差,基础管理薄弱等等。这导致大量的企业仍然是以牺牲环境为代价来实现经济增长的目的,仅靠企业行为是不可能自觉地实现循环经济战略的。所以,从企业的发展看,政府有必要通过财政税收政策来引导企业走循环经济发展之路。

(二)循环经济有利于财税政策的完善

1.有利于拓宽财税政策的调节领域

从循环经济的运行模式看,循环经济发展过程中的财政税收政策,要遵循循环经济的"3R"原则(循环经济的减量化原则、再利用原则和再循环原则),不再限于生产和消费过程,而是要从源头上来控制进入生产和消费流程的物质量,即"减量化原则"的贯彻,还要在废物的处理上采取一定的政策措施将其再次变成资源以减少最终处理量,即"再循环原则"的贯彻。此外,财政作为一种政府分配行为,应以市场经济下资源配置的市场方式与财政方式合理分工为依据,以维护市场合理性和纠正市场偏差,为满足社会公共需要和促进市场体系完善服务。一是财政应提供市场难以有效供给的公共商品,致力于促进资源的有效配置,实现其"效率"的职能;二是财政应通过税收,转移支付等政策手段缩小过大的收入分配差距和地区间基本公共服务的差距,实现其"公平"职能;三要通过有效的财税政策促进宏观经济稳定及社会稳定,实现其"稳定"职能。而实行循环经济则要求政府更加关注环境和生态问题,运用经济手段,特别是财政税收政策对污染破坏环境者施行收费、征税,对具有正外部效应的要给予补贴、税收优惠,原有循环经济中的财政税收政策不再仅限于传统财税政策调节目标公平、效率和稳定了,还要考虑生态保护问题,这将原有财政职能引入"生态"层次,是更高水平的原有职能的反映,拓宽了财税政策的调节领域。

2.有利于优化财税总量和结构

第一,循环经济对财税收入总量的影响。循环经济是实现可持续发展的重要途径和有效措施,在实践上解决了环境、资源与经济发展间的矛盾,使得经济的进一步发展在现有的资源条件下成为可能,而经济的可持续发展是财税可持续发展的基础,这在量上决定了财政税收的发展。

第二,循环经济对财税收入结构的影响。发展循环经济是调整产业结构的有效途径。循环经济的核心是资源和能源少投入,但社会产品产量不减甚至增加,这就要求摒弃粗放型经营方式,提高能源和原材料的使用效率,而这些正好符合国家产业结构调整原则。产业结构不但影响财税收入结构及税种结构,而且由于不同产业税收贡献率不同,还对财税结构及财税收入增长方式产生影响。

四、财税政策促进循环经济发展的实现领域

循环经济作为一种新型的经济形态,推进循环经济是一件综合性十分强的工作,其构建和推进依赖于对现代生产—流通—消费—废弃全过程的改进和整合,而绝非零敲碎打的废物回收利用和物质减量化做法的机械组合。所以,在制定财政税收政策来扶持循环经济发展的时候,就要求我们不能仅从生产环节的物质闭路循环角度去了解循环经济,否则就不能把重要的消费过程及物质流通的其他环节纳入循环经济的视野中。扶持循环经济发展的财政税收政策的实施,不仅影响生产和消费的最终行为,更重要的是将循环经济的思想贯穿从资源的开采和利用到污染的产生和处置这一周期循环之中。在这个过程中,可以选择在不同的环节对不同的行为或产品进行征税,以限制资源的过度消耗以及污染的产生;或者对有利于循环经济的行为给予财政补贴和税收优惠,以鼓励实施者推行循环经济。

(一)生产领域

减量化原则要求用较少的原料和能源投入来达到既定的生产目的或消费目的,从而在源头上就注意节约资源和减少污染。所以,从这点来看,财税政策要在经济源头上就对节约资源和减少污染产生作用,财政税收政策的制定要让人们学会预防废弃物的产生,从源头进行控制,而不再是以往的先污染后治理或边污染边治理。该原则要求在生产领域中通过减少每个产品的物质使用量、通过重新设计制造工艺来节约资源和减少排放。所以,对于企业由于循环经济建设初期增加技术投入、改进生产工艺等造成的产品成本高于社会平均成本的现象,给予价格补贴;政府建立清洁生产项目基金,加强对生态工业园区企业的循环

利用技术的研究,对节能、节耗的技术改造提供一定补贴或者低息、无息贷款,减轻企业技术改造负担。同时对运用、开发自然资源开征资源税。就是在现有资源税基础上,将水土资源、森林资源、石油天然气资源以及其他矿藏资源、不可再生资源等纳入征税范围,改变我国目前以销售量或自用量来征收资源税的情形,通过税收调节,促使资源的优化合理配置,使资源的利用更具效率。

(二)流通领域

再利用原则要求制造产品和包装容器能够以初始的形式被多次使用和反复使用,目的在于延长产品和服务的时间强度。财税政策不能偏离这个原则,应促使人们在生产中和生活中,更多地强调物品的服务,要实现从生产优先到服务优先的转变,如提倡政府对利用"三废"生产出来的产品给予财政补贴等优惠,开征污染税等这类抑制废弃物产生的税种。

此外,还应当在资源消耗环节大力提高资源利用效率。这可以通过在原料的投入使用环节征收税收,对那些会产生污染的原料或燃料征收原料投入税,也可对生产过程中由于生产工艺不同而产生的污染排放征税,对含有污染性物质的产品征收产出税或消费税,对利于循环经济发展的行为予以税收优惠和财政补贴,鼓励企业进行清洁生产,鼓励不同流程之间和不同行业之间形成横向共生,使得再利用原则得到贯彻。

(三)消费领域

循环经济的理念是在全球人口剧增、资源短缺、环境污染和生态蜕变的严峻形势下,为人类重新认识自然界、尊重客观规律、探索新经济规律的产物。传统经济学认为人的欲望是无限的,而资源却是有限的,人们生产的目的就是最大限度地满足人的各种欲望,传统的线性经济发展模式就是在这样的原则指导下进行的。循环经济则要求走出传统工业经济"拼命生产、拼命消费"的误区,提倡物质的绿色消费,以减少对物品的过度需求。政府可通过对采购进行严格限制,实行绿色采购制度,如增加政府采购中对废纸的采购,将再生纸由经济上的一种债务变成一种资产,同时对污染性产品和消费行为征收消费税,通过财政政策和差别税收,影响相应的消费价格因素,进而影响需求和供给以减少产量和消耗量,鼓励绿色消费。

(四)废弃领域

再循环原则要求生产出来的物品在完成其使用功能后能重新变成可以利用的资源,通过把废弃物再次变成资源以减少最终处理量。这对消费者和生产者提出了要求,应该通过购买用最大比例消费后再生资源制成的产品,使得循环经济的整个过程实现闭合,这可以通过对静脉产业的财政税收扶持来实现。按使用者收费原则对需要进行处理的生活垃圾或生活污水等征收相应的税费,对促进废旧物资回收利用的可进行财政补贴或税收减免,如我国在利用废旧物资的增值税优惠等就旨在鼓励人们利用"垃圾"的政策,从正反两面实现对循环经济的扶持。

第二节 国外发展循环经济财税政策的经验借鉴

财政和税收作为重要的宏观调控手段,被世界各国应用在循环经济实践中,尤其各发达国家立足于本国的国情,纷纷制定了支持循环经济发展的财税政策,并取得了明显成就。

一、德国财税政策

(一)废物收费政策

垃圾处理费的征收主要有两类,一类是向城市居民收费,另一类是向生产商收费(又称产品费)。对于居民收费来说,大多数城市都采用按户征收垃圾处理费的方式,部分城市开始试用计量收费制,按不同废物、不同量收取不同费用。[1]产品费要求生产商对其生产的产品全部生命周期负责,对于约束生产商使用过多的原材料、促进生产技术的创新,以及筹集垃圾处理资金都有较大的帮助。德国采取垃圾收费政策

---

[1]甘艳婧.我国城市生活垃圾管理效率及其影响因素研究[D].西安:西北大学,2021:35-37.

强制居民和生产商增加了对废弃物的回收和处理投入,为垃圾的治理积累了资金,推动了垃圾的减量化和资源化。据德国环保局统计,垃圾收费政策实施后,垃圾减少了65%;包装企业每年仅包装废弃物回收所交纳的费用已高达2.5亿~3亿美元。

(二)生态税政策

生态税是对那些使用了对环境有害的材料和消耗了不可再生资源的产品而增加的一个税种。德国制订了"绿色规划",在国内工业经济行业和金融投资中将生态税引入产品税制改革中。生态税的引入有利于政府从宏观上控制市场导向,促使生产商采用先进的工艺和技术,通过经济措施引导生产者的行为,进而达到改进消费模式和调整产业结构的目的。

(三)押金抵押返还政策

德国政府制定和颁发了《饮料容器实施强制押金制度》的法令,该法令规定在德国境内任何人购买饮料时必须多付0.5马克,作为容器的押金,以保证容器使用后退还商店以循环利用,这是欧洲第一个关于包装回收的法令。在《德国包装条例》中也规定,如果液体饮料的容器是不可回收利用的,购买者必须为每个容器至少多付0.25欧元的押金,当容器容量超过1.5升时,需要至少多付0.5欧元。只有容器按《德国包装条例》的要求返还时,押金才能退回。

(四)废物处理产业化政策

德国政府较早地认识到垃圾处理是全民的事业,由于其投资巨大,不能完全依靠政府来解决垃圾问题,必须广泛吸引私人经济参与,以推动垃圾处理的市场化和产业化。其中负责包装废弃物处置的双向回收系统(Dual System Deutschland,简称DSD)就是典型的例子。DSD也称为绿点公司,是专项从事废弃物回收的公司。根据规定,德国包装材料的生产及经营企业要到"德国二元体系"协会注册,交纳"绿点标志使用费",并获得在其产品上标注"绿点"标志的权利。协会则利用企业交纳的"绿点"费,负责收集包裹垃圾,然后进行清理、分拣和循环再生利用。由于绿点标志使用费与包装材料的用量挂钩,产品价格又直接关系到企业的市场竞争力,就迫使生产企业从源头上想尽办法使产品包装简化,使包装材料方便回收和循环再生,而不把绿点标志使用费转嫁给消费者。

(五)生产者责任扩大政策

生产者责任扩大(Extended Producer Responsibility,简称EPR),是指生产者对产品的责任,扩展到产品使用结束之后。生产者不仅对产品的性能负责,而且承担了产品从生产到废弃对环境影响的全部责任。因此生产者必须考虑包括原材料的选择、生产过程的确定、产品使用过程及废弃等各个环节对环境的影响。这一生产者责任环节的延长,使得生产者必须在发生源抑制废弃物的产生,因而有驱动力设计对环境负荷压力比较小的产品,从而在生产阶段就促进了循环利用,增大了资源的效率。EPR政策的特征可以概括为两个方面:一是产品在回收方面的物理性和资金方面的责任部分或全部向上游的生产者转移;二是使企业在设计产品时具有考虑环境的动机。

二、日本财税政策

(一)预算政策

为克服废弃物对经济发展的制约,增强以环境技术和环境经营为核心的产业竞争力,日本政府制订了相关的财政预算。尽管用于循环经济的预算占财政总预算比例还很低,但日本政府已开始对发展循环经济给予经济支持。一是创造型的技术研究开发补助金制度。对中小企业从事有关环境技术开发项目给予补贴,补助费占其研发费用1/2左右;二是对废弃物再资源化设备生产者给予相应生产、实验费的1/2补助;三是对引进先导型合理利用能源设备予以补贴,其补贴率为1/3,补贴金额最高为2亿日元;四是推进循环型社会结构技术实用化补助优惠政策。对民间生产企业采用的高效实用技术给予2/3的补贴,补贴金额最高上限为1亿日元。

(二)税收政策

对引进再循环设备的企业减少特别折旧、固定资产税和所得税。政府对废塑料制品类再生产处理设备,在使用年度内除了普通退税外,还按取得价格的14%进行特别退税。对废纸脱墨处理装置、处理玻璃碎片用的夹杂物剔除装置、铝再生制造设备、空瓶洗净处理装置等,除实行特别退税外,还可获得3年的固定资产税退还。对公害防治设施可减免固定资产税,根据设施的差异,减免税率分别为原税金的40%~70%。对各类环保设施,加大设备折旧率,在其原有折旧率的基础上再增加14%~20%的特别折旧率。

(三)融资政策

在融资方面,只要满足一定的条件,日本政策投资银行、冲绳振兴开发金融公库、中小企业金融公库、国民生活金融公库将对引进3R技术设备的企业提供低利融资。从事3R研究开发、设备投资、工艺改进等活动的各民间企业,根据不同情况分别享受政策贷款利率。同时,在企业设置资源回收系统,由非营利性的金融机构提供中长期优惠利率贷款。对实施循环经济的企业、项目,给予各种税收优惠。

三、美国财税政策

(一)收费政策

除了收取污水处理费等较为常见的费用之外,美国还对废旧物资商品化收费。美国循环经济最直接的刺激措施是根据所倒垃圾数量进行收费。美国的一些州对饮料瓶罐采用了垃圾处理费预交制度,此法可以使废弃物在重量上减少10%~20%,在体积上减少40%~60%。预交金一部分用于废弃物回收处理,另一部分用于回收新技术的研究开发。

(二)税收政策

包括征收新鲜材料税,促使人们少用原生材料,多进行再循环;此外,对除可再生能源外的其他能源征收生态税。

(三)政府购买政策

政府采购中优先使用有再生成分的产品,如美国几乎所有的州均有对使用再生材料的产品实行政府优先购买的相关政策或法规。1993年克林顿政府发布了一项行政命令,要求政府机构采购的所有纸张到1995年必须含有20%或更多用过的废纸,2000年时又增加到25%。这对造纸厂家在制造过程中加进废纸产生强烈刺激。美国是世界上最大的纸张买主,这一做法给再生纸提供了日益兴旺的市场,将再生纸由经济上的一种债务变成了一种资产,变成了某种可以出售的东西。

(四)农业"绿色补贴"政策

从20世纪90年代起,美国政府设置了一些强制性的条件,要求受补贴农民必须检查自己的环保行为,定期对自己农场所属区域的野生资源、森林、植被进行情况调查。同时还要对土壤、水、空气进行检验和测试,定期向有关部门提交报告。政府再根据农民的环境保护实际检查情况,来决定对其是否给予补贴以及补贴多少。

四、发达国家财税政策的经验借鉴

根据上述发达国家在促进循环经济发展中的政策选择,可以从中得到以下五点启示。

第一,在促进和发展循环经济的工作中,要充分发挥政府的主导作用,影响、支持和促进循环经济的发展。由于外部性的存在和市场的短期行为,发展循环经济更应强调政府的作用,通过政策调整,使得循环利用资源和保护环境有利可图,使企业和个人对环境保护的外部效益内部化。具体而言,政府应该依据循环经济发展的特点,加快建立利于循环经济发展的制度环境与政策条件。主要包括:与市场经济相适应的产权、价格等基础性制度,财政、税收、金融和投资等鼓励性制度,与有利于循环经济发展相关的政府政绩考核制度等。通过一定的制度安排,创造有利于循环经济发展的制度环境,规范引导政府、企业和居民个人的经济运行行为。

第二,在具体政策设计时,财税政策的运用要多元化。既发挥了事前引导的功能,如通过政府购买来激励再生资源产品的生产,再如在资金投入方面为我们做出了示范,只有保证相应的科技及研发资金,才能促进技术的进步,同时实现事后调节和控制的功能(如通过对收费和征税在为治理环境筹集资金的同时也约束了企业和个人的行为)。就实施的财政政策而言,它不是某一独立的政策,而是包含诸多政策的一个体系,在这个体系中,既有支出政策,也有收入政策,二者相互配合补充,形成合力。

第三,财税政策应与其他政策措施相互协调,强调政策体系的完整性,形成合力,共同发挥作用。运用财政政策只是发展循环经济的手段之一,其他手段也不能偏颇。一是与价格政策相配合,建立符合循环经济与可持续发展要求的价税调节机制。我国长期以来价格体系一直存在着环境资源无价、资源性产品价格偏低的问题,从而诱使企业无节制地开发利用环境资源。因此必须改变这种扭曲的价格体系,将环境资源开发、保护和补偿费用纳入国民经济核算体系。二是与产业政策相配合,为循环经济与可持续发展奠定稳固的经济技术基础。为了支持产业结构的调整,财政税收政策应采取更加积极的应对措施。三是税收政策还应积极与货币政策相配合,通过确定优惠对象和实行优惠措施,正确引导社会投资和消费取向。此外,还有与外贸政策相配合、灵活运用关税手段、研究制定税收国际协调策略等。

第四,完善循环经济法律体系。除了经济手段外,政府还应通过法律手段来促进循环经济的发展,这不仅包括立法还应包括执法等相应的监督管理体系。国际经验表明,健全的法律是全面推进循环经济发展的重要保证。在结合我国具体国情的条件下,加快研究建立和健全循环经济的法律法规体系。当前要抓紧制定节能、节水、资源综合利用等促进资源有效利用以及废旧家电、电子产品、废旧轮胎、建筑废物、包装废物、农业废物等资源化利用的法规和规章。研究建立生产者责任延伸制度,明确生产商、销售商、回收和使用单位以及消费者对废物回收、处理和再利用的法律义务。与此同时,还应对现有的法律如《中华人民共和国节约能源法》《中华人民共和国可再生能源法》及《中华人民共和国清洁生产促进法》等一系列法规的贯彻落实进行依法监督管理,真正做到有法必依。

第五,加大宣传教育,提倡"绿色"消费。在国外发展循环经济的成功做法中,不仅有对企业等组织的鼓励和限制,也强调对个人行为的引导。今后,我国应加大宣传教育力度、充分重视个人所起的作用,利用与个人息息相关的财税手段,不断加强和提高国民支持发展循环经济的意识、积极性和主动性,将发展循环经济变成全民参与、人人重视的事业。

第三节 促进我国循环经济发展的财税政策建议

一、促进循环经济发展的财税政策总体原则

根据我国已有的财税政策实践,在借鉴国外先进经验的基础上,要进一步利用财税政策促进循环经济发展,必须坚持以下五个原则。

(一)效率、公平、稳定和生态原则

财税政策的职能在于优化资源配置、合理分配和经济的稳定与发展,其实质则体现了资源的配置效率和社会产品在公共部门和私人部门的分配以及社会产品在各个社会成员之间的分配,经济的稳定与发展则是效率和公平的长期化的保证。传统的经济增长模式中,效率体现为有利于GDP或人均GDP的提高,而在循环经济的指导思想下,效率不能简单地表现在单纯的经济增长上,而应体现为经济、社会、环境的协调发展。循环经济的发展模式,正体现了公众在享用自然资源和自然环境的公平,促进循环经济发展的财税政策的制定,应始终以效率、公平和稳定原则为指导,兼顾生态,使财税各职能之间能够相辅相成,互相促进。

(二)经济调控和灵活性原则

财税政策在不同时期和不同地区应采取灵活多样的方式,以适应不同的经济形势。当前,我国经济面临着发展不平衡、产业布局不合理、资源环境约束等紧迫问题,财税政策应与国家产业政策、货币政策、投资政策、汇率政策、信贷政策等宏观政策相匹配,形成互补力量,共同推动循环经济的健康快速发展。不同区域资源环境及经济发展状况不同,因此,要在一定限度内灵活运用财税政策,在不同区域和不同产业给予区别对待。比如,在振兴东北老工业基地的财税政策方面,主张采取与当前稳健的财税政策不太一致的积极的财税政策。

(三)奖优罚劣原则

促进循环经济发展的财税政策,主要有两个方面的内容:一是采取

财政支出和税收优惠等措施,鼓励和支持有利于资源节约、环境保护和废弃物循环利用的活动;二是采取征税和收费等措施对浪费资源和破坏环境的经济或社会活动进行惩罚。[①]通过以上措施和政策,从经济利益上建立起保护环境的激励机制和生态补偿机制,达到鼓励新能源、新技术、新工艺的研发和应用,推动设备更新和产业升级,从而摆脱高能耗、高物耗、高污染、低产出的怪圈,逐步走上低消耗、低排放、高效率的循环经济轨道。

(四)可行性原则

缺乏可行性的政策是毫无意义的,甚至会带来巨大的经济和社会成本。在促进循环经济发展的财税政策体系制订过程中,应充分考虑以下三个问题:一是结合我国经济发展状况和基本国情认真分析各项政策将会带来的直接和间接影响;二是财税政策的制定要同当前政策执行能力相协调,充分考虑政策执行中可能遇到的困难和执行效率;三是整体考虑我国当前的财政承受能力,避免财政收入的大幅波动。

(五)整体性原则

循环经济的最终目的是要发展为整个经济体系的大循环,因此,循环经济从开始起步时,就应树立整体意识。循环经济的各个环节都关系着循环经济的成败,应注重从循环经济的各个环节入手,分别给出相关财税政策,保证各环节的顺畅进行,即将财税政策嵌入循环经济的各个环节,并形成一个有机整体,达到对循环经济的鼓励和支持,进而推动资源物质在整个国民经济的大循环。

二、促进循环经济发展的财税政策具体建议

根据上述原则和国外发展循环经济的实践,促进我国循环经济发展的财税政策的总体框架应该包括循环经济发展的财政政策、税收政策及其他配套政策措施。

---

①杜海龙.国际比较视野中我国绿色生态城区评价体系优化研究[D].济南:山东建筑大学,2020:133-135.

（一）促进我国发展循环经济的财政政策

1.增加支持循环经济发展预算投入

多年以来，在循环经济发展相关领域缺乏政府投资的有效支持，国际经验表明，环保投入占GDP的比例达到1%～1.5%，只能基本控制污染加剧，达到2%～3%才能逐步改善环境。因此世界银行建议，中国对于污染控制的投资需要大大增加，至少要在GDP的1%上，最好在2%以上。所以，政府还应加大对与循环经济发展相关的产业的投入。政府直接投入主要包括预算投资、预算补贴、财政贴息、研究和开发投入等方式，支持的重点包括法规制定、公众宣传、教育培训、信息服务、课题研究，特别是组织和引导企业对关键性、共性和前瞻性节能、节水、环保产品的技术进行开发、示范和推广应用，设备的改造和更新等。所以，建立绿色财政预算制度势在必行。经济发达国家无一例外地将环保基础设施建设放在优先发展的位置，且环保投资占其总支出的比重不断增加。我国财政环保投入由于在国家预算中不被单列，因而既不利于计算也不利于监督，更不用说保证其占预算总支出的比例了。为此，笔者建议首先要在经常性预算中，设立节能支出科目，安排相应的节能支出预算。一是用于节能科技的研究与开发。二是节能技术示范和推广。三是节能教育和培训。其次在建设性预算中，要加大财政的节能投资力度。逐步提高节能投资占预算内投资的比重，更多地利用贷款贴息方式。选择一些特别重要的、投资数额巨大的国家级节能项目，国家财政可采取直接投资的方式予以支持。此外，还要设立中央对地方的节能专项拨款，节能专项拨款不得挪作他用。

2.优化财政补贴政策

我国对于开展资源综合利用与治污的企业财政补贴仅限于少数几项间接补贴，但对相关企业的鼓励与支持效果甚微。而对于构建循环经济系统，需要经常性的直接财政补贴的支持。因此，可以考虑给开展循环经济的企业予以照顾，例如采取物价补贴、企业亏损补贴、财政贴息、税前还贷等。在物价补贴方面，对于企业由于初期实行循环经济期间增加技术投入、改进生产工艺等造成的产品成本高于社会平均成本的现象，给予价格性补贴；在企业亏损补贴方面，对企业循环经济建设初期投入过大而造成的暂时性亏损给予财政政策上的倾斜;财政贴息,即政府代企业支付部分或全部贷款利息,由于利息支付计入企业成本,由此可相应增加企业利润;税前还贷,就是政府在计算企业应税所得时,将企业应当归还的贷款从中扣去,相应减少企业纳税基数,其实质便是免去了企业一部分税款,相当于政府为企业归还了一部分贷款。我国也应借鉴国际经验,对企业生产经营过程中使用的无污染或减少污染的机器设备实行加速折旧制度。通过政府而向开展循环经济的企业进行有针对性的财政补贴,可以大幅度地调动循环经济建设的积极性。

3.完善购买性支出政策

购买性支出政策分为投资性支出与消费性支出两个方面。政府投资性支出作为一种诱发性投资,能够将受外部效应制约的民间资本释放出来,并使国民收入的创造达到一个较高的水平,从而产生政府投资的"乘数效应"。因此,政府投资的项目主要应该是那些外部效应大、产业关联度高、具有示范和诱导作用的环境基础设施,例如,大型水利工程、城市地下管道铺设、绿色园林城市建设、公路修建等,生态工业园以及重大技术领域和重大项目领域。政府通过投资性的支出,既可以为企业创造公平的竞争环境,同时也可以调动企业建设循环经济的积极性。

在购买性支出的消费性支出方面,政府可制定相关的绿色采购政策来促使市场鼓励再循环利用。首先应加大节能、环保等与循环经济相关的产品的认证力度,这是政府采购工作的前提和基础。目前我国已确定了21种产品为节能产品,但总体看我国节能认证工作还处于起步阶段,参与节能产品认证的产品数量太少。应根据循环经济的发展特点,制定相应的节能、环保、资源综合利用等产品的标准,为规范循环经济相关产品市场及将这些产品纳入政府采购做好技术准备。在此基础上,政府应积极推进节能、环保、资源综合利用等产品的政府采购工作。

4.推进环保公债或环保彩票发行

国家发展改革委已将资源节约、循环经济列为近几年国债投资重点。因此,各级政府应充分利用国债资金或发行循环经济债券,重点支持节能、节水、资源综合利用和循环经济试点项目,支持一批节约和替代技术、循环利用技术及"零排放"技术等重大技术开发项目,突破循环经济发展的技术瓶颈。基于中国环保资金的短缺和国人环保意识的匮乏,建议发行环保彩票,严格按照规定将彩票公益金纳入财政收支预算管理,专款专用于公益性设施建设和环境保护,加快循环经济发展步伐。

5. 改革现行的排污收费制度

按照"污染者付费、利用者补偿"的原则,大力推进生态环境的有偿使用制度。由于长期以来我国排污收费标准偏低,导致一些企业宁愿花钱缴排污费,也不愿治理污染,甚至闲置污染治理设施。目前的收费标准仅为污染治理设施运转成本的50%左右,有些项目甚至不到污染治理成本的10%。企业排污费负担较小,既所以不仅要适当提高收费标准,还要扩大资源补偿费的征收范围,使其能反映自然资源稀缺程度和实际价值,并加强征收管理工作,严格审批程序、强化征收环节。改革思路是:变目前的超标排污收费为全面的排污收费制度,变目前的单一浓度收费为浓度与总量控制相结合的收费制度,变单污染因子收费为多因子收费的制度,变低排污收费为高于治理成本收费的制度,并且要把排污收费纳入财政的预算管理范围,并逐渐实现环境收费向环境税收的转变。

此外,还应研究可出售的污染许可证制度,建立生产者责任延伸的相关机制,更多地利用市场机制,使循环利用资源和保护环境有利可图,促使企业和个人对环境保护的外部效益内部化。

(二)扶持我国循环经济的发展的税收政策

1. 调整现行税制中的相关税种

(1)增值税

从增值税来看,一是要加速向"消费型"增值税的转变步伐,目前我们国家除了东北地区以外其余的地区都采用"生产型"增值税。大部分企业固定资产的增值税进项税额不能抵扣,从而抑制了企业投资环保设备的积极性。为促进企业购置除尘、污水处理和提高资源利用效率的环保设备,需要增加企业对这些设备的增值税进项税额抵扣的规定,从而促使企业技术进步和设备更新,提高环境和资源的社会经济效益。二是针对国家将要出台的发展循环经济的产品目录,结合工艺流程特点、重要性、现实可操作性要求,有选择地扩大增值税即征即退、减半征收的产品适用面,重点是重化工产业部分产业链上的产品。三是以合理拉开利用再生资源和资源综合利用与原生资源之间的税负差距为目标,通过提价、进项税抵扣的办法,实现循环经济的税收优势。如允许废旧轮胎综合利用企业在取得废旧轮胎时按10%(或更高)抵扣进项税,翻新轮胎实行13%(或更低)的低税率。四是取消对农膜、农药,特别是剧毒农药免征增值税规定,以免对土壤和水资源的保护产生不良影响。

(2)消费税

这些消费税的调整虽然充分体现了国家利用税收手段促进循环经济发展,鼓励发展环境保护型、资源节约型、高附加值产业的政策导向,但也存在"抓大放小"等方面的问题。从长期来看,今后可以从以下三个方面加以完善:一是对资源消耗量大的消费品和消费行为,如一次性饮料容器、塑料包装物、一次性纸尿裤、高档建筑装饰材料等,应列入消费税的征收范围;二对煤炭、电池、一次性塑料包装物及会对臭氧层造成破坏的氟利昂产品也应列入消费税的征收范围;三对于资源消耗量小、循环利用资源生产的产品和不会对环境造成污染的绿色产品、清洁产品,应征收较低的消费税。

(3)关税

建立"绿色关税"体系。出口税的课税对象主要是国内资源,包括原材料、初级产品及半成品等。进口税是对一些污染环境、影响生态环境的进口产品以进口附加税,或者限制、禁止其进口,甚至对其进行贸易制裁,以强制出口国履行国际环境公约规定的义务。同时对进口国的紧缺资源和节能、环保类设备,给予低税或免税。建立"绿色关税",可以有效保护可能枯竭的国内资源;改善我国的出口结构,鼓励高附加值的技术密集型产品出口;提高进口的质量,减少污染产品的进口;建立对外贸易的"绿色壁垒"。

(4)所得税

第一,要调整所得税的税前扣除。循环经济的发展是一项科技含量极大的社会性极强的系统工程。为了提高资源的综合利用程度,就要依靠科技进步,大力开发和推广使用可节约资源、能源、减少废物排放的生产技术与工艺,开发和应用有利于资源合理利用、综合利用或促进资源增值的技术,引进、推广无害环境技术。对于企业在新产品、新技术、新工艺方面的研究和开发投入在计算企业所得税时在税前全额扣除的情况下,其各项费用增加幅度超过10%以上的部分,可以适当扩大实际发生额在应纳税所得额中扣除的比例(目前是50%,国税发1〔999〕49号),从而鼓励企业不断增加对新技术、新产品、新工艺开发的投入;企业为提高资源的综合利用效率采购的先进设备,税务机关在审核后允许其加快设备的折旧速度,从而鼓励企业更新改造旧设备;改革开放后,人民的生活水平不断提高,小汽车已经成为大多数白领阶层的交通工具。这些交通工具的大量使用不仅导致城市空气污染,而且使交通堵塞严重。为了缓解城市交通的压力、改善城市空气的质量,借鉴荷兰的经验,企业利用公共交通工具的成本可以计入营业成本,而雇员的交通费也可以在所得税前全部或部分扣除。这样可以鼓励更多的人使用公共交通从而减少私人车辆的使用数量,提高公共资源的利用效率。

第二,税收优惠。首先要尽快制定有利于鼓励开发高效、经济的新能源,有利于积极推广风能、太阳能、地热、潮汐能的专项税收优惠政策。2005年2月通过的《可再生能源法》对税收优惠做了原则性的规定,在这方面可采用一定周期的所得税免征或减征与加速折旧相结合的方法,给其发展提供税收支持。其次资源循环利用的很重要的环节是资源回收体系的建立。为了使更多的人加入资源回收产业的行列,可以在一定年限内给予这个产业的企业全免企业所得税的税收优惠。

(5)资源税

要改革现行的资源税,一是扩大征税范围对非再生性、稀缺性资源课税,这无论对资源的可持续利用还是保护生态环境均具有重大意义。但目前我国的资源税只对部分矿产品和盐进行征收,征税范围狭窄,这不利于其发挥应有的作用。为了解决我国目前日益突出的缺水问题以及防止生态破坏行为,水资源、森林资源和草场资源也应尽快被纳入资源税的征税范围,待条件成熟后,再对其他资源课征资源税,并逐步提高税率。二是调整计税依据。由现行的以销售数量和自用数量为计税依据调整为以产量为计税依据,并适当提高单位计税税额,特别是对非再生性、非替代性、稀缺性资源以重税,以限制掠夺性开采与开发。三要实行累进课征制,相对其他税种而言,资源税还具有特殊性,即为了保护有限的资源,针对滥用资源的企业进行的惩罚性税收,因此对资源税的征收应采取累进制方式,也就是将资源的产量划分档次,不同的档次使用不同的税率,税率逐级跳跃式增加。这样,对于需要大量自然资源输入的企业,较高的资源税率将成为企业的负担,从而迫使企业上马环保工程、转产停产、提高产品价格、加大环保型产品的研发。四是将现行的土地使用税、耕地占用税、土地增值税等并入资源税,并将各类资源性收费如矿产资源管理费、林业补偿费、育林基金、林政保护费、电力基金、水资源费、渔业资源费等也并入资源税。五要制定必要的鼓励资源回收利用、开发利用替代资源的税收优惠政策,提高资源的利用率,使资源税成为真正发挥环境保护功能的税种。

2.开征必要的新税种

第一,适时开征燃油税。以燃油税取代长期以来征收的公路养路费、公路客货运输附加费、公路运输管理费、航道养护费、水路运输管理费、水路客货运输附加费及地方用于公路、水路、城市道路维护和建设方面的部分收费,意义重大。对不同能耗的燃油或燃气,规定不同的税额予以征收。改革现行对原油征收资源税的计税办法,改从量征收为从价征收。实施燃油税,将会有力促进燃油或燃气的节约使用,提高使用效率,加强环境保护的力度。

第二,适时开征污染税。污染税以单位和个人排放的大气污染物、水污染物和固体废弃物为课税范围。污染税的征收应具有普遍性,即凡是直接污染环境的行为和能够造成环境污染的产品均应纳入征收范围。目前,可先从重点污染且易于征管的课税对象入手,将各类环保方面的收费基金改为征收污染税。例如,废水、废气、废渣(以下简称"三废")一直都是排污费征收的内容,企业已经形成了缴纳排污费的习惯,所以操作难度不大。先暂以废水、废气、废渣分别设置税目,税率可采取差别税率形式,以待条件成熟以后再扩大征税范围,分别设置新的税种。近期我国环境保护税的具体税目应包括以下四个。

(1)大气污染税

该税的纳税对象为排放污染气体的企事业单位,征税范围主要包括纳入空气污染指数的二氧化硫、氮氧化物和总悬浮颗粒等。从促进发展循环经济发展的角度考虑,对该税采用混合征收方式,即对大气的污染排放源进行污染物排放量的技术监控,采用对污染物排放量征税的方式,根据监测的排放量及浓度数据计征税额;对小污染排放源则采用对污染的投入物征税的方式,例如根据其所耗费的燃料含硫量的高低计征税额。在税率的设计上,应充分考虑到治污成本、排污者的承受能力、不同地区环境状况以及环保目标差异,并结合参考我国在征收排污收费方面积累的历史数据,制定差别税率。

(2)水污染税

纳税人为两类:一类是涉及生活排放污水的城市居民,另一类是开发污水和水污染的企事业单位和个体经营者。征税范围主要是废水排放行为以及水体污染行为。由于企业实际的废水排放量难以确定,可以按设置生产能力和实际产量等指标确定排放量,并根据废水中所含污染物的成分、浓度及排放量制定差别税率。对于城市居民的生活废水,可以以家庭为单位,根据用水量计征。

(3)固体污染税

该税的纳税对象为排放固体废物的单位和个人。征税范围是工业废弃物、废料以及在使用中对环境容易造成污染的各种包装物和容器。征收方式可以按其废物种类和不同的处理方式分别设置税目,特别是对生产制造一次性塑料制品的企业或个人应当课以较高的税负,使其生产成本高于生产可降解的同类产品的成本,迫使其转产污染小的产品,形成一定的税收政策导向,从源头控制并消除白色污染,为发展循环经济创造良好的条件和环境。

(4)噪音税

对超过一定分贝的噪音源征收噪音税。噪音税的纳税人是噪音的排放者。目前可先对工厂、影剧院、歌舞厅、民航、汽车、火车的交通设备以及建筑工地等重点噪音污染源所产生的超过一定分贝的噪音征收噪音税。

3.优化税收优惠体系

第一,优化税收优惠方式。主要是税基式减免与税额式减免的有机协调。税基式减免侧重于引导,强调事前优惠;税额式减免则更侧重于对已得利益的转让,强调的是事后优惠。建立以税基式减免为主、税额式减免为辅,两者有机结合的税收优惠机制,才能有效引导和鼓励企业积极开展资源综合利用、从事有利于环境保护的无污染的产品和清洁生产。除了现行的减免税优惠形式外,国际上通用的税收抵扣、加速折旧、再投资退税、延期纳税等方式均可采用,以增加税收政策的灵活性和有效性。

第二,对环保产业加大税收优惠力度。环境保护相关产业已成为我国新的经济增长点。国家应大力扶持、引导环保产业的发展,对利用废弃物、资源综合利用和清洁生产继续给予一定形式的税收优惠。如对环保投资、再投资、捐赠予以退税或所得税税前扣除等;对环保设备生产企业和污水处理厂、垃圾处理厂等防治污染企业的固定资产实行加速折旧制度;对环保类企业和一般企业的环保类的研究与开发费用允许加倍扣除;对从事环保科学技术研究和成果推广给予支持;对用于清洁生产的进口设备、仪器和技术资料,免征关税和进口环节增值税;对废旧物资回收企业实行免税政策;鼓励家庭安装节能设备。

4.完善税收分配体制

构建循环经济的税收体系,需要完善现有的税种,开征新的税种,制定适合循环经济发展的税式支出。这其中必然要涉及利益的分配问题。如果地方利益在构建循环经济的税收体系中受损,那么,在这些税收政策的执行中,可能产生抵触,不能保证政策的实施成效。所以,构建扶持循环经济的税收体系,就要求完善税收分配体制。

考虑到各税种税源的分布情况以及现有的税收分配体制,可以将资源税划为中央、地方共享收入,由国税部门负责征收,这样就可以避免目前作为地方税种,地方政府为了保证其收入效应,产生短期行为,造成资源的过度开采及浪费(因为目前是按销售量或自用量计税);将污染税划为地方政府收入,作为地方税种,由地税机关负责征收。在环境保护税收入分成方面,地方可掌握75%左右,其余25%上缴中央财政,由中央在各地区之间调剂使用,以利于全国范围内的环保事业协调一致发展。这样调整后,地方利益基本上没有受到影响。而且一些费改税规范化后,收入也会在一定程度上有所增长。中央和地方的利益都不会受到大的影响。中央地方两个积极性都得到充分调动,绿色税收作为专项财政资金用于环境保护,将有效地保障我国循环经济的实现,推动我国的可持续发展。

(三)配套措施

1.法律制度

法律制度是各种制度中约束力最强的制度,法律因其自身固有的规范性和强制性的特点,很适合在传统的不可持续生产方式仍然占据主导地位的今天作为评价标准和行为准则对循环经济进行观念表达、价值判断和行为规范。我国循环经济法制建设的目标应该是要建立一个资源合理有效利用和循环型的社会。在法律制度的建设方面,可以考虑具体的可操作性而从以下五个方面构建一个立体的制度体系:首先,应尽快制定和完善综合性的母法,如《环境保护法》《循环经济促进法》;第二,制定一系列促进循环经济推广的基本法,如《清洁生产促进法》《资源综合利用条例》等。第三,针对行业的不同特点,制定相关的专门法,如《废旧家电及电子产品回收处理管理条例》《废旧轮胎回收利用管理条例》《包装物回收利用管理办法》等;第四,要在其他法律法规中充实与循环经济配套或促进循环经济发展的规定。第五,制定循环经济实施领域的规范和标准,使循环经济的实现有一个公认的指标。

2.金融政策

循环经济的金融政策主要是通过对与循环经济有关的货币和资本的供给与流通状况进行调控来促进循环经济发展的。政府应该在对循环型生产技术进行认真筛选、审核的基础上,对循环型企业在资本供给方面予以一定的优惠,具体的措施可包括:①投资补助。即政府对在循环经济领域进行投资的企业提供补助。国外在区域金融政策中曾实施过对欠发达地区进行投资可得到一定比例赠款的政策,这一政策在促进循环经济发展投资中有一定的借鉴意义。②优惠贷款。向循环型企业的优惠贷款一般由商业银行提供,政府向银行补偿优惠利率与市场利率之间的差额,并为贷款提供担保。③培育循环经济资本市场。可考虑建立专门的面向循环经济发展的资本市场,引导社会闲散资本进入循环经济领域。

3. 产业政策

目前,我国各地在制定产业发展规划时都提出了走新型工业化道路,而大力推进循环经济的发展应该是走新型工业化道路的途径之一。循环经济所涉及的产业实际上是一种特定性质的产业,只不过这一产业不是按通常的行业标准划分的,而是根据对资源的使用方式来划分的。因此,可以将促进循环经济发展的各项政策看成一种特殊的产业政策。首先,在产业结构合理化的判断标准上,应将资源是否合理利用和生态环境是否得到保护这两项指标置于更重要的地位;其次,在产业结构调整和产业升级换代中,应考虑将循环型产业作为优先发展的产业对待,并在产业结构调整和升级换代中积极推动循环型产业的发展;第三,在产业发展的技术政策上,应强调和支持循环型技术的推广应用;第四,在产业贸易政策上,应将循环型产业作为有发展前景的幼稚产业予以扶持。

4. 管理政策

循环经济的管理政策主要是指政府促进循环经济发展的行政政策和手段。这些手段中比较重要的有资源市场的培育与管理、资源价格控制、建立绿色国民经济账户、将资源环境方面的指标列入地方领导政绩考核评价指标体系等。

建立和培育资源市场,通过政府的价格政策使资源的价值在市场中得到正确体现,是实施循环经济管理政策的重要目标。目前,我国许多资源市场还没发育起来;有些资源市场虽然存在,但价格偏低,只反映了劳动和资本成本,没有反映资源消耗的机会成本;另外,还有一些资源市场由于垄断等原因,竞争不足,资源的价值不能真实显现。

建立绿色GDP账户,是促进循环经济发展的制度措施之一。绿色GDP有利于科学和全面地评价我国的综合发展水平,同时也可以为干部政绩考核提供新的评价标准,促使各级政府更加重视经济与环境的协调发展。

第七章 促进我国财税政策与经济发展融合的建议

第一节 完善正向激励政策

一、减排目标细化并设立专门低碳支出科目

借鉴英国的"碳预算"计划,将减排目标进一步细化,以五年为一个周期,设定具体减排量,并随着完成情况进行动态更新。

借鉴英国政府报告中专门针对"低碳经济"的章节以及在政府预算支出科目中安排"低碳支出"一项,未来可以考虑将"低碳"写进政府预算支出科目,与环保支出并列,以体现低碳目标与环保目标的不同。[1] 在增设低碳支出之后,还可以对低碳支出这一科目进行具体细化,比如分为节能减排支出、提高能效支出、开发和发展可再生能源支出等,这样可以将资金在低碳建设的主要领域进行进一步细分,从每年的支出和反馈可以清晰地反映低碳发展某一领域的财政支出效果如何,也更有利于政府安排下一年的财政支出和提高政府财政支出的效率,相较我国现在的笼统的支出来说更加有效。

二、完善补贴和税收优惠政策

进一步利用好补贴制度和税收制度,一方面加大生产端新能源利用的税收优惠,另一方面加大消费端补贴和税收优惠。

(一)进一步完善新能源补贴政策

首先,针对补贴时滞过长问题我们要努力提高补贴政策的落实度和时效性。在前期审查完毕后,资金的拨付专人专管,对后续进行追踪

---

[1]陈诗一,祁毓."双碳"目标约束下应对气候变化的中长期财政政策研究[J]. 中国工业经济,2022(05):5-23.

调查,确保资金最快速度到达企业。其次,长短期激励相结合。政策变动太频繁,会造成政策短期性过浓,投资不稳定现象;政策一成不变又不能及时反映成本变化,所以政策出台前要综合考虑多种因素,如市场反应、长短期影响等,把握长短期的平衡点。

(二)加大技术研发专项补贴和税收优惠

对技术发展现状进行评价,之后在政府预算科目按照高碳改造如节能、提高能效的技术和无碳替代技术如智能电网技术以及碳捕捉和碳封存等技术分类,未来向技术研发倾斜,进行分阶段分类资金拨付,实行专款专用,以促进发展低碳经济成本的降低,缓解生产端补贴压力,促进可再生能源消纳。同时,综合企业购买提高能效设备的企业所得税返还及节能设备加速折旧等税收优惠政策,大力促进低碳经济技术创新。

(三)加大消费侧补贴和税收优惠力度

应加大对消费者的补贴。借鉴英国经验,对于用户低碳出行和购买节能设备、节能建筑方面进一步给予补贴和税收优惠,并实行精准激励,即要区分好政策对象,落实到个人;对能源贫困家庭和人口给予政策倾斜,加大对其节能行为的补助等,使生产端和消费端并重。

三、完善政府低碳采购制度

第一,完善低碳采购法律制度。考虑在适当时候出台一部专门关于低碳采购的《政府低碳采购法》,对低碳采购的原则、范围、规则做详细规定,在实施细则上可借鉴欧盟等国家的《政府低碳采购手册》,对政府采购的项目进行细化,包括工程采购低碳、服务低碳、办公产品低碳等,让政府低碳采购有法可依,也可以为其他消费者提供一个范式。同时,制定和完善相关配套法律制度。各地实际情况不同,要依据本地实际情况,制定出一套与低碳采购制度相适应的制度设计,使低碳采购更具有实际操作性。

第二,建立专门负责低碳采购的机构。对各级政府需求产品提前进行市场调查,可采用招标等手段对供应商进行选择,对产品进行严格审查,机构人员要时刻坚持低碳理念。在确定供应商之后,将中标公司等信息公布给各级政府,各级政府采购要严格按照产品标准向审查的达到低碳要求的公司进行采购。

第二节 完善逆向限制政策

一、现有税种低碳化或者脱碳化

第一,改革现有资源税。首先,扩大征税范围。适时将森林、河流、湖泊等与环保低碳紧密相关的自然资源纳入征税范围,提高税种"低碳"水平。其次,实行全环节征收提高税负。按照其稀缺程度和环境污染大小实行差别化税率,并对消费端征税。最后,适当设立奖惩机制。对主动实施节能减排、改进技术的企业给予一定税收减免;对于高耗能、高排放而不主动采取节能减排措施的企业设定惩罚税率。

第二,改革现有消费税。为了更好地发挥消费税的调节作用,实现税种的低碳化,可以考虑将更多的高耗能高碳产品纳入消费税征税范围,而对低碳产品则实施免税。[1]即使是作用相同的产品,由于原材料、生产技术等不同也会导致产品整个生命周期碳排放量有所不同,所以可以考虑设置差别税率,对于高碳产品按高税率征税;对于低碳产品低税率或者不征税。同时,可以考虑将消费税在合适时间转变为价外税,在产品上面进行标识,让消费者在购买产品时可以清晰地看到该产品纳税情况,以引导消费者购买更多的低碳产品。

第三,在增值税和企业所得税中制定惩罚性税率。目前对于一些高耗能的高碳企业,增值税和企业所得税一般也是按照基本税率征收,并没有按更高的税率征收,导致对高碳经济行为的调节作用有限。所以,未来可以考虑对一些高耗能、高污染企业实现加倍惩罚性税率,总体上使其高碳生产的成本要大于其积极寻求转型和低碳发展的成本,这样企业才会不得不进行低碳转型。

---

[1]郎威. 中国绿色税收制度及其效应研究[D]. 长春:吉林大学,2020:79-81.

二、考虑开征碳税

在英国经验启示中,提到目前开征碳税具有可行性。但是在开征碳税前要考虑以下三点:①考虑我国的特殊国情。我国与英国较大的区别在于我国经济发展存在很大的区域不平衡现象,各省经济发展水平不一,各省碳排放量水平也参差不齐,而英国是一个比较小的岛国,整体发展较为均衡。原则上我国开征碳税不宜实行"一刀切"制度,而应因地制宜。但是从我国资源税征收来看,由于各省份之间的资源税率差异,导致一些高税率省份的企业在低税率省份注册登记,但实际经营地仍然在原省份,这就造成了高税负省份税源的流失和环境污染的进一步加剧,而实际上一单位的碳排放在不同省份对环境的影响是相同的;因此为了减少税源流失以及保证税收公平,我国采用全国统一标准的碳税税率仍然比较具有实际操作性。②税基确定。北欧的一些发达国家,如芬兰、瑞士等是以碳排放量来征收,而英国最开始的气候变化税实质是一种能源税,以碳排放量为税基对技术的要求较高,所以要考虑我国目前技术的发展水平能否达到全方位的碳排放检测。③考虑相关利益方博弈。化石能源依旧是我国未来一段时期能源消费主体,一味地淘汰落后产能很可能造成工人失业等多种社会问题,给予传统能源企业一段时期缓冲期和适当保护是必要的。为此,我们可以借鉴英国在气候变化税实施中的一揽子配套政策,如"对达到一定能效或减排目标的能源密集型企业减免80%的气候变化税"等类似缓冲政策,制定出柔和的碳税政策,既表明我国低碳发展的决心,也可以循序渐进不断推进政策的完善。

第三节 完善相关配套政策

一、健全法律法规体系

法律先行。借鉴英国每一次的重大改革和政策出台都是伴随着法律的出台进行,且法律法规在不断更新和完善中,连续性强。未来我们应该建立一个完整的由上至下的低碳政策法律体系。我国目前与低碳经济相关的法律制度有《中华人民共和国电力法》《中华人民共和国煤炭法》《中华人民共和国节约能源法》《中华人民共和国清洁生产促进法》《中华人民共和国可再生能源法》《中华人民共和国循环经济促进法》等,但是与国外一些低碳经济发展较好的国家相比,还不够完善,而且法律的执行力弱、连续性弱。且我国目前法律一般都在节能和清洁生产方面,在关于应对气候变化法案上没有专门关于低碳经济的法律,所以接下来可以考虑出台一部专门针对低碳经济发展的法律,同时加强执行和监督。

二、推进能源价格市场化,加快产业能源结构调整

推进一次化石能源煤炭、石油、天然气等价格市场化,该价格应该包含其外部性,之后政府不对市场进行干预,由市场自主决定其价格,这种价格机制可以体现能源的稀缺性,可以反映能源的真实成本,从而使得企业生产者在进行能源消费时可以合理衡量,增强其低碳意识。

进一步优化产业结构,加快发展第三产业,缩减第二产业的同时加快第二产业的低碳化步伐[①],将一些碳排放量大的制热、电力和采矿等行业实施可再生能源无碳替代,进行高碳改造,综合运用各种政策手段,加快淘汰落后产能,严格控制高耗能项目,加快企业技术创新和转型升级。

三、出台更为严格的能耗、能效限制、技术限制

我国目前出台的能耗与能效标准都比较宽松,且涉及的行业有限。对于碳排放量较大的行业如电力行业往往只是前几年才开始对大规模的火电厂进行关停,对现有火电厂及新建火电厂的燃煤机组功率等进行限制,但是较国外来说不够严格,而英国更是对火电厂的碳捕捉和碳封存能力进行了硬性要求,由于我国目前的技术限制,可能达不到这样的要求。

[①] 中国人民大学经济研究所. 中国宏观经济分析与预测:迈向双循环新发展格局的中国宏观经济 2020-2021. 北京:中国人民大学出版社,2021:113-115.

四、转变企业和居民消费观念,增强低碳意识

消费环节的三大主要主体是企业、政府和居民,除了政府要树立低碳消费意识,实现低碳采购以外,企业和居民的消费也非常重要。企业是低碳经济的主要参与者,是低碳产品的主要生产者,除了政策支持和倒逼企业低碳生产和消费之外,应该培养企业和个人的低碳消费意识,企业要具有较强的社会责任意识和低碳意识,自觉在生产过程中注重节能,提高能效,改善生产技术,在消费时也应该以消费低碳产品为主。

五、进一步健全碳交易市场

当完善的市场建立起来以后,政府不应该过多地干预交易者的交易行为,我国目前的问题是制度和市场的不完善、不健全,而这仍然需要政府发挥其主导作用。由于我国现阶段实现自愿性认购绿证的效果不佳,企业和个人没有动力去购买绿证,可以考虑借鉴英国的可再生能源义务证书和差价合同,接下来按照"强制配额制+绿证"的模式,将配额和绿色电力交易强制到电网企业、发电企业和售电企业,并将其纳入地方政府的政绩考核体系。同时,在绿证制度设计上,考虑将补贴制度托底渐渐取消,配额制逐渐跟上,以减少两者的冲突,实现协调。

在碳交易市场完善方面,中国现有的碳交易主要是针对欧洲碳交易市场以CDM项目为主,由于中国是一个碳排放量巨大的发展中国家,所以减排的成本较发达国家低,这就导致许多欧洲国家低价从我国购买碳排放权然后再高价出售,我国是价格的被动接受者,这主要源于我国目前不健全的碳交易市场,与国际的接轨较差,所以政府在市场中不能获得足够的交易信息来制定合理的价格,对于政府来说,应该进一步健全国内碳交易市场,早日从电力行业扩展到全国,并加强与国际市场的互联互通,减少国内市场的信息不对称,以实现定价的公平合理。

六、完善金融支持政策

(一)加快金融产品创新

发展低碳经济需要庞大的资金来源,目前我国金融机构提供的金融产品比较单一,遏制了我国低碳金融的发展。因此,金融机构要进一步加快金融产品创新,如碳证券、碳基金等金融工具,以使低碳经济的

发展资金来源多样化。

(二)完善绿色信贷政策

我国2007年发布的《关于落实环境保护政策法规防范信贷风险的意见》,标志着绿色信贷开始在节能减排中发挥作用。但是,我国绿色信贷在推行过程中存在着认证标准不一,金融与环保部门协作机制不健全、信贷风险大等问题。所以接下来应该制定一个统一的标准,确定提供信贷的门槛标准,以增强银行的可操作性。其次,加强金额环保等相关部门的互联互通和协作,实现信息共享,可以增强银行辨别高污染高能耗企业的能力,减少审查成本。同时,综合利用财政补贴、税收优惠等财政政策,使金融机构发放绿色贷款的风险降低,降低不良贷款率,提高企业发展绿色低碳产业的资金保证,从而引导和撬动大量社会资本投入绿色产业中来。最后,为了加强降低低碳投资风险,减少不确定性,可以借鉴英国的"碳信托"与"碳基金",为主动进行节能减排的小企业提供融资渠道,带来资金,以加快低碳市场化进程。

参考文献

[1]蔡守秋.环境资源法学[M].北京:人民法院出版社,2003:91-93.

[2]陈诗一,祁毓."双碳"目标约束下应对气候变化的中长期财政政策研究[J].中国工业经济,2022(05):5-23.

[3]邓尧.后土地财政时期减支增收财税法律规制研究[D].重庆:西南政法大学,2020:73-75.

[4]董雪.我国税收政策对经济增长的影响效应及其传导机制研究[D].长春:吉林大学,2021:104-105.

[5]杜海龙.国际比较视野中我国绿色生态城区评价体系优化研究[D].济南:山东建筑大学,2020:133-135.

[6]甘艳婧.我国城市生活垃圾管理效率及其影响因素研究[D].西安:西北大学,2021:35-37.

[7]黄群慧,刘学良.新发展阶段中国经济发展关键节点的判断和认识[J].经济学动态,2021(02):3-15.

[8]贾康.中国财税体制改革的经验和愿景展望[J].中国经济报告,2019(01):24-31.

[9]江云.促进技术资本形成的税收政策效应研究[D].南昌:江西财经大学,2021:30-31.

[10]蒋炳蔚.我国促进产业结构转型的财政政策研究[D].武汉:中南财经政法大学,2018:74-76.

[11]郎威.中国绿色税收制度及其效应研究[D].长春:吉林大学,2020:79-81.

[12]廖晓莉,罗洁,刘忠梅.税收促进区域经济(新区)发展的国际借鉴研究[J].农家参谋,2018(03):224-227.

[13]马宁.多维度行业差异化碳税政策的设计和优化研究[D].北京:中国地质大学(北京),2020:63-64.

[14]尼古拉斯·斯特恩,谢春萍,迪米特里·曾格利.中国经济强劲、可持续和包容性增长新纪元:四种资本的投资与估值[J].财经智库,2021,6(06):27-63+139-141.

[15]庞兰心,官建成.政府财税政策对高技术企业创新和增长的影响[J].科学学研究,2018,36(12):2259-2269.

[16]彭远春.我国社会建设指标体系研究[J].统计与决策,2013(20):20-23.

[17]王俏茹.中国经济增长收敛性的理论分析与计量研究[D].长春:吉林大学,2021:43-45.

[18]王曙光,李金耀,章力丹.促进区域协调发展财税规制的主体与路径[J].哈尔滨商业大学学报(社会科学版),2019(01):85-94.

[19]魏利敏.促进我国低碳经济发展的财税政策研究[D].太原:山西财经大学,2019:15-16.

[20]熊升银.中国经济发展方式转变的时空演化格局及其形成机制研究[D].成都:西南财经大学,2020:57-59.

[21]徐澜波.论宏观调控法的调整方法——从经济法的调整方法切入[J].法学,2020(07):84-99.

[22]姚程.中国创新型人力资本产权实现问题研究[D].成都:西南财经大学,2020:21-23.

[23]张硕.中国金融结构对经济增长质量的影响[D].成都:西南财经大学,2020:23-24.

[24]中国人民大学经济研究所.中国宏观经济分析与预测:迈向双循环新发展格局的中国宏观经济2020-2021.北京:中国人民大学出版社,2021:113-115.